JN233746

CREATORS LIBRARY 0**3**

# 建築システム論

加藤 直樹／大崎 純／谷 明勲 著

# Introduction to Architectural Systems
KATOH Naoki / OHSAKI Makoto / TANI Akinori

共立出版株式会社

# まえがき

　システム科学，システム工学という学問分野が確立されてから半世紀近くになる。社会システム，流通システム，生産システム，通信システム，計算機システムなど，システムという名前を日常的に耳にする。システムとはある大きな目的のために作られた複数の構成要素からなる組織を指し，個々の構成要素は全体の目的を達成するために有機的に結び付いている。建築物も大きなシステムの一つと考えられる。システム工学とは複雑なシステムの設計，解析，運用を数理モデルとして捉え，効果的，効率的に行うための学問であり，近年，計算機の発達とともに急速な進展を遂げている。本書は，建築分野においてシステム工学を勉強するための教科書，参考書として書かれたものである。対象は学部3,4年生および修士課程の学生である。

　システム工学と一口にいってもその間口は広く，奥も深い。主要な分野としては，モデリング，最適化，人工知能，自動制御などがある。本書では，特にシステム最適化に重点を置きながら建築のさまざまな分野における豊富な応用例を用いてシステム工学の手法を解説する。本書で取り扱うトピックは数多く，詳しく述べると次のようになる。最適化分野においては線形計画法，非線形計画法，組合せ最適化などの代表的な数理計画法手法，施設配置，構造最適化，トラスのトポロジー最適化などの建築分野における最適化の話題を扱う。最近注目を集めている遺伝的アルゴリズムなどのメタヒューリスティックスについても一章を割いて解説する。また，形状モデリングにおいて用いられるパラメトリック曲線・曲面，対象とするシステムの構造が明確に記述できない問題の解析に用いられるファジィ理論，ニューラルネットワークについても取り扱う。

　建築の分野で学ぶ学生がシステム工学について体系的に学ぶ機会は少ないが，研究や実践の場でシステム工学の知識が必要となることは多い。これまでは建築を学ぶ学生を対象としたシステム工学の専門書がなかったため，必要に応じてシステム工学や最適化理論の専門書を読まなくてはならなかった。必要とされる前提知識が異なるためそのような専門書は総じて読みづらく，建築分野の人には不必要な詳細が書かれている。

本書のねらいはシステム工学の理論の体系を詳細に説明することではなく，上で述べたシステム工学の各分野の基礎を建築分野の学生にわかりやすく解説することである．このため複雑な数式による厳密な定義は可能な限り排除して，図表と例題を豊富に用いることによって直観に訴える説明に努めた．また，前提となる数学の知識も最低限に抑えた．線形代数，微積分，ベクトル解析の基礎知識があれば十分である．それでも学部学生にとって高度な箇所 (節) は目次に *印を付けておいた．それらは読み飛ばしても差し支えない．

また，実際に本書で扱っている手法をソフトウェアとして実現して建築分野へ適用するための詳細については論じていない．そのようなより高度な知識を求める方のために，豊富な参考文献を用意した．必要に応じてこれらを参照されたい．

また，紙数の都合上，本書で触れなかった話題も多い．人工知能・知識工学，システム設計論，計算機科学などである．

本書を教科書として使用する場合であるが，90分の講義13～15回を想定すると，本書の内容をすべて網羅するのは難しい．必要に応じて選択してもらえばよいが，第1章～第3章までは最適化理論の基礎について触れているので飛ばさないことが望ましい．

最後に，京都大学の加藤・大崎研究室の寒野善博，伊藤純一の諸氏には，本書の草稿の誤りや読みづらいところを数多く指摘していただいた．また北折智規，山田裕介の諸氏には図表作成を協力していただいた．深く感謝致します．

また，ファジィ理論，ニューラルネットワークの章については，筆者の一人（谷）が，神戸大学において共同研究として実施している一連の研究を基に，その基本となる部分をまとめたものである．共同研究を実施している神戸大学・教授　河村廣先生，同・助手　瀧澤重志先生，事務的な面でサポートいただいた同・事務補佐員　木村優子さんに深く感謝いたします．また，これらの理論を用いた研究を実際に行い，活発な議論をしていただいた研究室の修了生・卒業生諸氏に深く感謝いたします．

さらに，共立出版の石井徹也氏には，適切な助言をいただいた．深く感謝します．

なお，執筆担当は以下の通りである．

1, 2章, 4, 5章, 10章：加藤

3章, 6〜9章：大崎

11, 12章：谷

2002年1月 著　者

# 目次

まえがき　　2

## 1章　システム最適化　　1
第1節　最適化とは　　2

## 2章　線形計画法　　7
第1節　線形計画問題とは　　8
第2節　線形計画法　　10
第3節　ネットワークフロー最適化問題　　15

## 3章　非線形計画法　　25
第1節　非線形計画問題　　26
第2節　制約条件のない最適化問題　　27
第3節　制約条件付き最適化問題　　34

## 4章　整数計画法と組合せ最適化　　41
第1節　整数計画法と分枝限定法　　42
第2節　アルゴリズムと計算量　　47
第3節　さまざまな組合せ最適化問題　　50
第4節　近似解法　　55

## 5章　施設配置　　57
第1節　施設配置問題の分類　　58
第2節　$p$-メディアン問題と$p$-センター問題　　60
第3節　ボロノイ図　　65
第4節　2次割当問題　　67

## 6章　設計感度解析　　69
第1節　設計感度解析の概要　　70
第2節　静的応答量の設計感度解析　　72
第3節　固有振動数の設計感度解析　　79
第4節　トラスの形状感度解析　　81

## 7章　構造最適化　　83
第1節　構造最適化の概要　　84

| | | |
|---|---|---|
| 第2節 | 最適設計問題と最適性条件 | 87 |
| 第3節 | 応力制約 | 90 |
| 第4節 | 最適性規準法 | 93 |
| 第5節 | コンプライアンス制約 | 95 |

## 8章　トラスのトポロジー最適化　99

| | | |
|---|---|---|
| 第1節 | トポロジー最適化の概要 | 100 |
| 第2節 | 応力制約 | 103 |
| 第3節 | 固有振動数制約 | 107 |

## 9章　パラメトリック曲線・曲面　113

| | | |
|---|---|---|
| 第1節 | はじめに | 114 |
| 第2節 | 3次スプライン | 115 |
| 第3節 | ベジエ曲線・曲面 | 118 |
| 第4節 | 随伴曲線のパラメトリック表現 | 122 |
| 第5節 | 曲線の滑らかさの計量 | 124 |
| 第6節 | トラスの節点位置最適化 | 128 |

## 10章　メタヒューリスティックス　133

| | | |
|---|---|---|
| 第1節 | 遺伝的アルゴリズム | 136 |
| 第2節 | シミュレーティド・アニーリング | 143 |
| 第3節 | タブー探索法 | 145 |
| 第4節 | メタヒューリスティックスの性能比較 | 146 |
| 第5節 | 遺伝的アルゴリズムの応用例 | 147 |

## 11章　ファジィ理論　155

| | | |
|---|---|---|
| 第1節 | ファジィ理論 | 156 |
| 第2節 | ファジィ集合 | 157 |
| 第3節 | 帰属度関数 | 158 |
| 第4節 | 基本的なファジィ演算 | 160 |
| 第5節 | ファジィ統合則 | 162 |
| 第6節 | ファジィ最大化決定 | 165 |
| 第7節 | ファジィ関係 | 167 |
| 第8節 | インテリジェントファジィネットワーク | 169 |

## 12章　ニューラルネットワーク　　175
第1節　ニューラルネットワーク　　176
第2節　階層型ニューラルネットワークの処理方法　　178
第3節　階層型ニューラルネットワークの教師データ　　180
第4節　階層型ニューラルネットワークの学習方法　　181
第5節　階層型ニューラルネットワークの応用例1　　183
第6節　階層型ニューラルネットワークの応用例2　　186

## 付録A　シンプレックス法の一般的手順　　189

## 付録B　グラフ理論の用語　　195

参考文献　　200
索　　引　　210

**Chapter 1**
System Optimization

# 1章 システム最適化

## 第1節　最適化とは

お互いに何らかの相互関係を有するいくつかの構成要素からなり，それらが全体として何らかの目的のために各々の機能を果たしている一つの組織を一般に**システム** (system) と呼ぶ。建物内のエレベータも一つのシステムといえる。高速道路網もまたシステムである。企業，国家も社会的なシステムである。本著ではシステムの構成要素とその関係を**数学モデル**として表現できるような場合を考え，与えられた環境下である目的を達成するために最も効率よく運用するためのシステムを設計・構築するための一般的な手法である**システム最適化** (system optimization) の建築への応用について述べる。システム最適化の基本的精神は同じ目的を達成するなら最小のコストやエネルギーですべきであるということである。それは資源の無駄遣いを無くし，結果的にシステムの恩恵を受ける人間やそれを取り巻く環境にとって最も優れたものとなる。

システム最適化を実際に行う場合，重要な点はモデルの作成である。現実を忠実に反映する精密な数学モデルを立てることは困難な場合があるし，もしそれができたとしても，そのモデルを用いて最適化を行うことが極端にむずかしくなることがある。そのためにはどのような数学的モデルであれば効率よく解けるのかという知識や，最適化を行うためのプログラムやアルゴリズムの知識が必要である。実際には，数学モデルとして表現できないような現実の細かな点を省いてしかも本質を損なわない程度の単純化が必要であり，そのような適切なモデル化を行うセンスを本書をもとに磨いてほしい。

最適化のプロセスは

$$\text{モデル化} \rightarrow \text{最適化} \rightarrow \text{検証・評価・分析・シミュレーション}$$

の3段階からなるが，最適化によって得られた解を検証・評価した結果，

意思決定者が満足できないときは，モデルを再検討・修正し（システムの挙動を表現するモデルの部分や最適化基準），再び上のプロセスを繰り返す必要がある。

　本書ではシステム最適化のさまざまな手法と応用例を紹介する。

　システムの特性を定める変数の値を決定することを**システム設計** (system design) と呼ぶ。システムの出力，状態および性能が最も望ましくなるように設計することをシステム最適設計と呼び，すでに設計されたシステムを最も効率よく運用管理することをシステム最適運用と呼ぶ。システム最適設計と最適運用をまとめてシステム最適化と呼ぶ。

　何をもって最も望ましいシステムとするかは，最適化を行う主体によって変化する。たとえば，大阪から東京まで行くのにお金はあっても時間のない人は最短時間で行くのが最適と考えるだろうし，時間はあってもお金のあまりない人は最小費用で行くのが最適と考える。とはいっても，通常はある予算の範囲内で目的地の東京に行くことのできる最短時間の交通手段を最適と考えるであろう。最適化における評価は必ずしも客観的・定量的なものばかりではなく，意思決定を行う人の感覚的・主観的評価が重要となることも少なくない。評価は価値にかかわるものであるから，意思決定者に依存するのが当然である。上でも述べたように設計や計画の良否は，問題をいかに的確に記述するかにかかっている。

　工学や社会科学の諸分野において「最適化」の概念は非常に重要な位置を占めている。最適化すべき問題をいくつかの変数と数式を含む数学モデルに定式化し，それを計算手続きにしたがって解くための方法論は**数理計画法** (mathematical programming) と呼ばれ，半世紀以上にわたって研究され，大きな発展を遂げている。数理計画法は，対象とする数学モデルの構造が同じであれば共通の方法が適用でき，汎用性が高い。そのため数理計画法の計算効率の改善に関する研究も盛んに行われている。

　数理計画法が取り扱う諸問題は**数理計画問題** (mathematical program) と呼ばれ，一般に次のように定式化される。

**数理計画問題**

$$\text{Minimize } f(\boldsymbol{x}) \tag{1.1}$$
$$\text{subject to } \boldsymbol{x} \in S \tag{1.2}$$

ここで $\boldsymbol{x}$ は**決定変数** (decision variable) からなるベクトルで，システムを最適化するにあたって，意思決定者が制御可能ないくつかの種類の量を表している。$f(\boldsymbol{x})$ は決定変数ベクトル $\boldsymbol{x}$ を評価する関数で，**評価関数**とか**目的関数** (objective function) と呼ばれる。$S$ は $\boldsymbol{x}$ が取り得る範囲を形式的に表したもので，**制約領域**，**実行可能領域** (feasible region) または**実行可能集合** (feasible set) と呼ばれる。上の式は，与えられた制約領域 $S$ の中から目的関数を最小化する $\boldsymbol{x}$ を求めよ，という問題を定式化したものである。問題によっては評価関数を最大化する場合もあるが，そのような問題は，数学的には $-f(\boldsymbol{x})$ を最小化することと同じであるので，区別して考える必要はない。目的関数を最小化する $\boldsymbol{x}$ を**最適解** (optimal solution) と呼ぶ。また，$\boldsymbol{x} \in S$ を満たす $\boldsymbol{x}$ を**許容解**とか**実行可能解** (feasible solution) という。

数理計画問題はその数学的構造に従って，いくつかのクラスに分類される。まず変数に関しては，変数が連続的な実数値をとる**連続的最適化問題** (continuous optimization problem) と**離散的最適化問題** (discrete optimization problem) に大別される。後者の問題は，組合せ的な性質を表す場合が多いので**組合せ最適化問題** (combinatorial optimization problem) とも呼ばれる。

連続的最適化問題は，目的関数が線形で制約条件が線形方程式や線形不等式系で表される**線形計画問題** (linear program) と目的関数や制約条件が必ずしも線形とは限らない**非線形計画問題** (nonlinear program) に分かれる。後者はさらに，目的関数が2次で制約条件が線形の **2次計画問題** (quadratic program)，目的関数が凸関数で制約領域が凸集合の**凸計画問題** (convex program) などに分類される。

離散的最適化問題にはさまざまな問題のクラスがあるが，それらは扱う制約条件によって具体的に特徴づけられる．いくつかの変数が整数であるという条件が課せられる**整数計画問題** (integer program) や特に変数の値が 0 または 1 であるような **0-1 整数計画問題** (0-1 integer program) とか，制約条件がグラフ・ネットワークに関連して与えられるネットワーク計画問題などがある．ネットワーク計画問題はさらに，線形計画問題の特殊な場合としても扱われる，ネットワーク上の物の流れを取り扱うネットワークフロー問題や効率よく解くことが難しいとされている巡回セールスマン問題などを含む．

以下，線形計画問題，非線形計画問題，組合せ最適化問題の 3 種類について，式 (1.1), (1.2) の評価関数 $f(\boldsymbol{x})$ や制約領域 $S$ が具体的にどのように与えられるかについて述べる．

1. **線形計画問題:**

    $\boldsymbol{x} = (x_1, x_2, \ldots, x_n)$ とすると (各 $x_j$ は実数変数である)，

    $$f(\boldsymbol{x}) = \sum_{j=1}^{n} c_j x_j$$

    で，制約領域 $S$ は $l$ 個の線形不等式制約条件

    $$\sum_{j=1}^{n} a_{ij} x_j \leq b_i, \quad (i = 1, 2, \ldots, l) \tag{1.3}$$

    と $m - l$ 個の線形等式制約条件

    $$\sum_{j=1}^{n} a_{ij} x_j = b_i, \quad (i = l+1, l+2, \ldots, m) \tag{1.4}$$

    を満たすような $\boldsymbol{x}$ の集合である．ただし，$a_{ij}, b_i$ は定数である．

2. **非線形計画問題:**
   関数が**非線形**とは 2 次関数, 3 次関数, 指数関数, 対数関数など, 線形以外の関数であることを意味する. 非線形関数というときは, 通常連続関数を意味することが多い. $f(\boldsymbol{x})$ が一般の非線形関数で, 制約領域 $S$ は

   $$g_i(\boldsymbol{x}) \leq 0, \quad (i = 1, 2, \ldots, l)$$
   $$g_i(\boldsymbol{x}) = 0, \quad (i = l + 1, 2, \ldots, m)$$

   という条件を満たす $\boldsymbol{x}$ 全体の集合である. 特に, $g_i(\boldsymbol{x})$ がすべて線形で, $f(\boldsymbol{x})$ が 2 次関数であるとき (つまり $f(\boldsymbol{x}) = \sum_{i=1}^{n} \sum_{j=1}^{n} c_{ij} x_i x_j + \sum_{i=1}^{n} d_i x_i$ の形), **2 次計画問題**という.

3. **組合せ最適化問題:**
   一般に $S$ が有限集合であるような場合を指す. たとえば, 各 $x_j$ が 0 か 1 のいずれかであるような場合で, そのような実行可能集合の中から目的関数を最小化する解を求める問題である. 代表的な問題に, すべての都市をちょうど一度ずつ訪問し, 元に戻る経路の中での最短経路を求める巡回セールスマン問題がある.

第 2～5 章では, 以上の三つの代表的な数理計画問題に対して, その具体的応用例を交えながら, その解法 (アルゴリズム) について解説を行う.

Chapter 2
Linear Programming

# 2章 線形計画法

## 第 1 節　線形計画問題とは

第 1 章で線形計画問題の数学的定式化を与えたが，まず具体的な例題を通して線形計画問題を見ていこう。

**例題 1:** 2 種類の原料 A, B をもとに 2 種類の製品 I, II を生産しようとしている工場がある。最大の利益をあげるにはどのような生産計画を立てればよいかという問題を考えよう。

そのために各製品 I, II の生産量を変数 (決定変数) と考え，それらを $x_1, x_2$ (単位: 千個) とする。いま，製品 1 単位生産するごとに得られる利益は製品ごとに一定とし，製品 I,II に対してそれぞれ 4 万円，6 万円とする。一般には製品を大量に生産するとコストダウンにつながって，結果的に 1 単位売ることによって得られる利益が大きくなるが，ここではそれは考慮しない。これが**線形性**の仮定である。

また，各製品を 1 単位生産するのに必要な各原料の量 (単位：kg) は表 2.1 に示されている通りで，各原料の最大使用可能量は，表 2.1 に示されているように原料 A,B それぞれについて 4 千 kg, 9 千 kg とする。

表 2.1　製品 1 単位当たりの原料使用量および原料使用可能量

|  | 製品 I | 製品 II | 原料使用可能量 (千 kg) |
|---|---|---|---|
| 原料 A | 2 | 2 | 4 |
| 原料 B | 3 | 6 | 9 |

各製品を $x_1$(千個), $x_2$(千個) ずつ生産したとすると，使用する原料が利用可能量以下であるためには，次式を満たす必要がある。

$$\begin{array}{rcrcl} 2x_1 & + & 2x_2 & \leq & 4 \\ 3x_1 & + & 6x_2 & \leq & 9 \end{array} \tag{2.1}$$

さらに，各製品の生産量は0以上であるから

$$x_1 \geq 0, \quad x_2 \geq 0 \tag{2.2}$$

を満たさなければならない。目的は利益最大化であるので，目的関数は

$$4x_1 + 6x_2 \ \rightarrow \ 最大化 \tag{2.3}$$

と書ける。目的関数の金額の単位は1千万円である。この生産計画問題は制約条件 (2.1), (2.2) のもとで，式 (2.3) で定められる目的関数を最大化する問題に定式化できる。制約条件 (2.1), (2.2) はともに変数 $x_1, x_2$ の1次不等式で，目的関数 (2.3) は変数 $x_1, x_2$ の1次関数である。ここで問題を簡潔に表現するために

$$\boldsymbol{x} = \begin{pmatrix} x_1 \\ x_2 \end{pmatrix}, \boldsymbol{A} = \begin{pmatrix} 2 & 2 \\ 3 & 6 \end{pmatrix}, \boldsymbol{b} = \begin{pmatrix} 4 \\ 9 \end{pmatrix}, \boldsymbol{c} = \begin{pmatrix} 4 \\ 6 \end{pmatrix}$$

のベクトルや行列記法を用いると，線形計画問題は次のように書ける。

$$\begin{array}{ll} 目的関数: & \text{maximize} \ \boldsymbol{c}^\top \boldsymbol{x} \\ 制約条件: & \boldsymbol{A}\boldsymbol{x} \leq \boldsymbol{b}, \boldsymbol{x} \geq \boldsymbol{0} \end{array} \tag{2.4}$$

ただし，maximize とは右側の式 $\boldsymbol{c}^\top \boldsymbol{x}$ を最大化せよという意味である。⊤ は行列 (ベクトル) の転置を表す記号で，ここでは列ベクトルを行ベクトルに変換するのに用いている。

このように，変数の1次の等式や不等式で与えられた制約条件のもとで変数の1次関数を最大化 (または最小化) する問題を**線形計画問題** (linear program) という。

## 第 2 節　線形計画法

線形計画問題を解くための一般的な解法を**線形計画法** (Linear Programming, LP) と呼ぶ．この節では，一般的に広く用いられている**シンプレックス法 (単体法)**(simplex method) を紹介する．その前に前節の例題 1 の問題に対する幾何学的解釈を行う．問題をもう一度書くと次のようになる．

$$\begin{aligned} \text{Maximize} \quad & z = 4x_1 + 6x_2 \\ \text{subject to} \quad & 2x_1 + 2x_2 \leq 4 \\ & 3x_1 + 6x_2 \leq 9 \\ & x_1, x_2 \geq 0 \end{aligned} \quad (2.5)$$

この問題の制約領域を $(x_1, x_2)$ 平面に図示すると図 2.1(i) の斜線領域となる．目的関数の等高線 (傾き一定の直線) も図 2.1 に示されている．

この図のように 2 変数の線形計画問題において，一般に実行可能領域は平面上の凸多角形となる (無限の凸領域となる場合がある)．図からもわかるように，最適解は $x_1 = 1, x_2 = 1$ である．つまり，製品 I,II をそれぞれ 1000 個ずつ生産するのが利益最大となる．また，最適解は実行可能領域の端点に存在する．この性質は，一般の $n$ 変数の場合にも成り立つことが知られている．つまり，$n$ 変数の線形計画問題の実行可能領域は $n$ 次元実数空間 $\mathbf{R}^n$ における凸多面体となる．そして，最適解はその凸多面体の**頂点** (vertex) (**端点** (extreme point) ともいう) の中に必ず存在することが知られている．最適解が複数個存在する場合があり，そのとき，頂点以外でも最適解となることがある．たとえば，例題 1 において製品 I の 1 単位当たりの利益が 3 万円なら，最適解は図 2.1(ii) における点 (b) と (c) を結ぶ線分全体となる．しかし，このような場合でも最適解が頂点の中に存在することには変わりない．

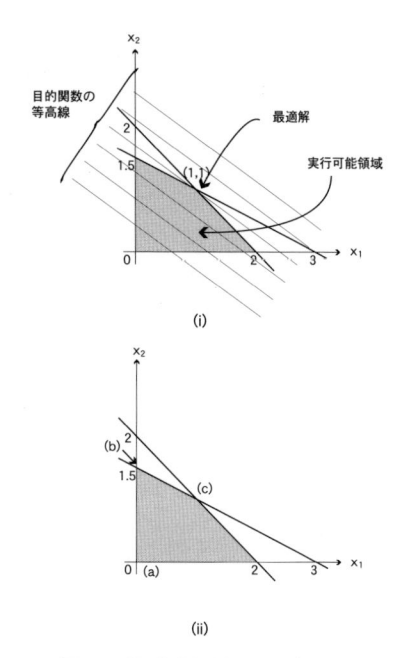

図 2.1　(i) 線形計画法の実行可能領域とその最適解．(ii) シンプレックス法がたどる端点．

2 次元平面における集合 $S$ が凸であるとは，$S$ に含まれる任意の 2 点 $x, x'$ に対して $x$ と $x'$ の中点 $(x+x')/2$ もまた $S$ に含まれることである．

$\mathbf{R}^n$ は $n$ 次元ユークリッド空間を指す．特に $n=1$ の場合，$\mathbf{R}$ と記し，実数全体の集合を表す．

これより，線形計画問題の最適解を求めるには，実行可能領域を表す凸多面体の頂点をすべて列挙して，その中で目的関数を最大にしている点を求めたらよい。この方法は 2 次元では困難ではないが，一般には変数や制約条件式の数が多くなると，凸多面体の頂点は爆発的に多くなり，この方法ではすぐに間に合わなくなる。そこで，すべての頂点を列挙するのでなく，ごく一部の頂点だけをしらべて最適解を求める方法が必要となる。その代表的な方法が G. Dantzig によって 1947 年に開発された**シンプレックス法**(単体法) である。

シンプレックス法の概略を上で用いた例題を通して解説しよう。(2.5) の制約条件の最初の不等式の左辺と右辺の差を $x_3$，二つめの不等式の左辺と右辺の差を $x_4$ とし，目的関数 $z$ と合わせてまとめて書くと次の等式を得る。

$$x_3 = 4 - 2x_1 - 2x_2 \qquad (2.6)$$
$$x_4 = 9 - 3x_1 - 6x_2 \qquad (2.7)$$
$$z = \phantom{9-} 4x_1 + 6x_2 \qquad (2.8)$$

新しく導入した変数 $x_3, x_4$ は**スラック変数** (slack variable) と呼ばれる。すると，問題 (2.5) は次のように書ける。

$$\begin{array}{ll} \text{Maximize} & z \\ \text{subject to} & (2.6)-(2.8), \\ & x_1, x_2, x_3, x_4 \geq 0 \end{array} \qquad (2.9)$$

すると，次の性質が成り立つ。

- 問題 (2.5) の実行可能解 $x_1, x_2$ が与えられたら，式 (2.6) – (2.8) に代入することにより問題 (2.9) の実行可能解 $x_1, x_2, x_3, x_4$ に変換できる。

- 問題 (2.9) の各実行可能解 $x_1, x_2, x_3, x_4$ は単に $x_3, x_4$ を除くことによって (2.5) の実行可能解に変換される。

> スラック (slack) とはもともと"ゆるみ"という意味で，制約条件式における条件の余裕を表す言葉として用いられている。

- これらの変換によって問題 (2.5) の最適解は問題 (2.9) の最適解となり，またその逆も成り立つ．

シンプレックス法の基本的な考え方は，ある実行可能解から出発し，目的関数値を改良する方向に実行可能解を変化させていくという，逐次改善型のアプローチである．それは，(2.9) のような形の線形計画問題を標準形として考える．

まず $x_1 = 0, x_2 = 0$ とおくと，(2.6) – (2.8) より，$x_3 = 4, x_4 = 9$ となるので，次の初期実行可能解が得られる．

$$x_1 = 0, x_2 = 0, x_3 = 4, x_4 = 9 \tag{2.10}$$

この解の目的関数値は $z = 0$ である．

この解をもとに $z$ を改良することを考えよう．$x_1 = 0$ を固定して，$x_2$ を 0 から増加させることができたら，$z = 6x_2 > 0$ となり，目的関数を改善できる．実行可能性を保ったまま $x_2$ をどこまで増やせるかを考えよう．式 (2.6) より $x_2$ は 2 まで増加させることができる ($x_2 > 2$ なら，$x_1 = 0$ と固定しているので $x_3 < 0$ となってしまい，$x_3 \geq 0$ に反する)．同様に，式 (2.7) より $x_2$ は 3/2 まで増やせることがわかる．以上から，結局 $x_2 = 3/2$ まで増やせることになり，このとき，

$$x_1 = 0, x_2 = 3/2, x_3 = 1, x_4 = 0 \tag{2.11}$$

という新しい実行可能解が得られる．この解に対する目的関数値は $z = 9$ である．さらに，これより優れた実行可能解があれば求めたい．式 (2.6) – (2.8) をもとに同様の手順で求めるのは少し難しい．そのため，式 (2.6) – (2.8) を変形して，現在 0 となっている変数 $x_1, x_4$ で $x_2, x_3$ を表すようにする．式 ((2.6) – (2.8) は $x_3, x_4$ を用いて $x_1, x_2$ を表現する形式であった．) そのために，式 (2.7) を $x_2$ について解く．すると，

$$x_2 = \frac{3}{2} - \frac{1}{2}x_1 - \frac{1}{6}x_4$$

を得る。これを，式 (2.6),(2.8) に代入すると，求める方程式系は次のようになる。

$$x_3 = 1 - x_1 + \frac{1}{3}x_4 \tag{2.12}$$

$$x_2 = \frac{3}{2} - \frac{1}{2}x_1 - \frac{1}{6}x_4 \tag{2.13}$$

$$z = 9 + x_1 - x_4 \tag{2.14}$$

以前と同様に，$z$ を増やすことを考える。現在 $x_1 = 0, x_4 = 0$ であるが，このいずれか一つだけを正の値に増やすとどうなるかを考えよう。$x_4$ を $0$ から $\alpha$ だけ増やすと，式 (2.14) より，$z$ は $\alpha$ 減少する。したがって，$x_1$ を増やすことにする。以前と同じようにどこまで増やせるかというテストをすると，式 (2.12) が効いてきて，最大 1 まで増やせることがわかる。このときの実行可能解は

$$x_1 = 1, x_2 = 1, x_3 = 0, x_4 = 0 \tag{2.15}$$

となり，このときの目的関数値は $z = 10$ となる。

さらに，この解を改良するために同じ作業を繰り返す。そのため，式 (2.12) を $x_1$ が左辺に来るように変形し，それを (2.13), (2.14) に代入すると，次式を得る。

$$x_1 = 1 - x_3 + \frac{1}{3}x_4 \tag{2.16}$$

$$x_2 = 1 + \frac{1}{2}x_3 - \frac{1}{3}x_4 \tag{2.17}$$

$$z = 10 - x_3 - \frac{2}{3}x_4 \tag{2.18}$$

現在 0 である変数 $x_3, x_4$ のいずれか一方だけを 0 から正に増やすことを試みる。以前と違って，式 (2.18) の $x_3, x_4$ の係数がいずれも負であるので，いずれの変数を増やしても目的関数は増加しないどころか減少する。この状態になったとき，じつは最適解に到達していることが証明できる。なぜであろうか？ $x_3 \geq 0, x_4 \geq 0$ から，式 (2.18) の値 (つま

り目的関数値) は任意の実行可能解に対して，10 以下であることがわかる。いま，式 (2.15) の解は $z = 10$ であるので，これが最適である。

以上の説明は連立方程式系を用いた代数的説明であった。一般的にシンプレックス法はこのような形式で進行する。この様子をもう一度幾何学的な立場から眺めてみよう。出発点となった実行可能解 (初期可能解という)(2.10) は図 2.1(ii) の (a) の点に対応している。次に得られた解は (b) の点に対応している。最終的に得られた解は (c) の点である。このように，シンプレックス法は，実行可能領域の隣接する頂点をたどりながら最終的に最適解を求める方法である。

シンプレックス法の一般的手順については複雑なので本書では省略するが，概略を付録 A に記述したので興味のある読者は見られたい。また，シンプレックス法に関するより詳しい解説やさまざまな応用については成書 [1,2,3] を参照されたい。

## 第3節　ネットワークフロー最適化問題

グラフ (graph) とは，節点集合 $V$ と節点間の接続関係を表す枝集合 $E$ の組からなるもので，$G = (V, E)$ と表現される。グラフは，たとえば道路ネットワークなどの輸送網を表すのに用いられたり，建築の室配置における空間の隣接関係を表現するのに用いられる。**ネットワーク** (network) とは，グラフの枝に沿って物，人，情報が移動するという側面を表現するのに用いられる用語で，数学的に言うと重み付きの枝を持つグラフと定義する。枝の重みとは，たとえば，道路網の場合，道路の幅，交差点から別の交差点までの距離などを表す実数である。以下，ネットワークを，$G = (V, E, c)$ と書き表すことにする。ここで，$V$ は節点の集合，$E$ は枝集合，$c$ は $E$ 上で定義された実数値関数である（つまり枝 $e$ の重みが $c(e)$ である）。そのネットワーク上の各枝上の輸送可能量が $c(e)$ として与えられているときに，定められた2点間での最大輸送可能量を求める**最大流問題** (maximum flow problem) や，各枝の距離が $c(e)$ として与えられているときに定められた2点間の最短距離を求める**最短路問題** (shortest path problem)，各枝の輸送可能量 $u(e)$ と各枝に沿って1単位の物を輸送するコスト $c(e)$ が与えられているとき，与えられた2点間に定められた量の物を最小費用で輸送する方法を求める**最小費用流問題** (minimum cost flow problem) などがネットワークフロー最適化問題である。これらの三つの問題はいずれも線形計画問題として定式化される。以下にその定式化を述べる。以下ではネットワークの節点集合を $V = \{1, 2, \ldots, n\}$ とする。

> グラフ理論の用語は付録 B を参照のこと

### (1) 最大流問題

ネットワークに沿って，物資を輸送する出発点 (ソースという) から目的地 (シンクという) へ物資をできるだけ多く輸送したいという問題

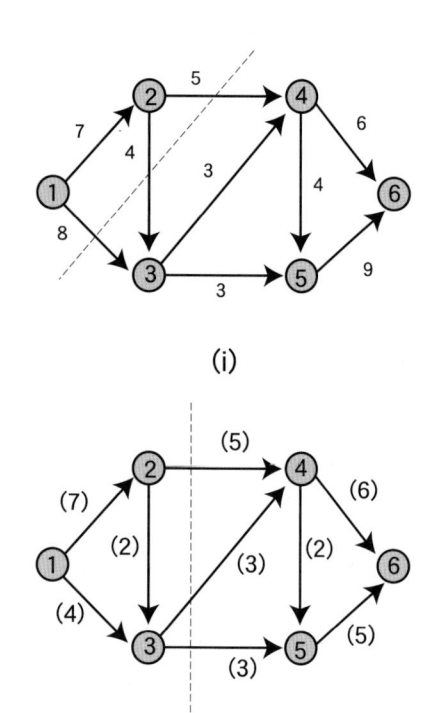

図 2.2　最大流問題とその最適解

を考えよう．物資はソースを出発し，途中分岐を許して，最終的にシンクに到達する．理解を容易にするために物資の輸送というイメージより水などの液体を流すと考えるほうがわかりやすいであろう．各枝 $(i, j)$ に対して枝の容量を超えないように，しかも中継点においては物資の流入，流出がないものとする．問題は，これらの条件を満足する中で，輸送したい物資の量を最大化することである．条件を満たす物資の輸送方法を実行可能流 (実行可能フロー) といい，輸送量を最大にする物資の輸送方法を **最大流** (最大フロー) (maximum flow) という．実行可能流は各枝に流れている量 (流量) によって表現され，実行可能流によって実現されるソースからシンクへの輸送量は実行可能流量と呼ばれる．実行可能流量は実行可能流においてソースから出ていく各枝の流量の総和に等しい．図 2.2 の例題を考えよう．図 2.2(i) のネットワークが与えられているものとする．各枝に付されている数字は枝の容量を表している．いま，ソースを点 1，シンクを点 6 とする．最大流は図 2.2(ii) のようになる．最大流の値 (最大流量) は 11 である．ここで () 付きの数字は最大流における各枝の流量である．

最大流問題は交通流解析へ応用できる．道路網を節点を交差点，枝を交差点どうしを結ぶ道路，枝の容量を道路の単位時間あたりに通過できる車両の最大台数とするネットワークによって表現する．このとき，始点から終点に向けて単位時間当たり最大何台の車両が走行できるかという問題を考える．この問題の解から，現在どの道路が交通渋滞のボトルネックになっているかということがわかるだけでなく，将来の交通需要を考慮するとどの道路の拡張工事を行うのが最も経済的かということを判断する基礎情報も得られる．

さて図 2.2 の例題において，図 2.2(ii) からわかるように，最大流において容量いっぱいに流れている枝は $(1,2), (2,4), (3,4), (3,5), (4,6)$ の 5 本である．このうち，枝 $(1,2), (4,6)$ は，その容量を増加させても最大流は変化しない (読者は確かめられたい)．ところが $(2,4), (3,4), (3,5)$ の枝は，いずれもその容量を増やすことによって最大流量を増加できる (各

自確かめられたい)。このような3本の枝からなる集合 (図2.2(ii) の点線が通る枝) によって最大流が規定されている。つまり，これらの枝は現在の最大流のボトルネックになっている枝である。このような枝集合は**最小カット** (minimum cut) と呼ばれる。最小カットの厳密な定義は後述する。ネットワークの**カット**とは，図2.2(i) において一方は点1を含み，他方は点6を含むように点集合を2分割したとき (たとえば，$\{1,2\}$ と $\{3,4,5,6\}$ の分割を考えよう)，点1を含む側と点6を含む側を結ぶ枝集合 ($(1,3),(2,3),(2,4)$ の3本がある) のことである。2分割の仕方によって異なるカットが得られる (図では16通りのカットが得られる。各自確かめよ)。いま，$(1,3),(2,3),(2,4)$ の枝からなるカットを考えると，ソースからシンクへ向かう各物資はこの3本の枝のうちのちょうど1本を通るので実行可能流量はカットの各枝の流量の総和に等しい。したがって，最大流量はカットの枝の容量の総和を越えない。$(1,3),(2,3),(2,4)$ の枝の容量の総和は17なので，最大流量は17以下である。カットに属する枝の容量の総和は**カット容量**と呼ばれる。カットの選び方によってカット容量は異なるが，その値が最小のカットを最小カットという。上の議論から最小カットの容量は最大流量以上であることがわかるが，じつは両者の値が一致することが**最大フロー・最小カット定理**として知られている。

さて，最大流問題を線形計画問題として定式化しよう。ここではソースを点1，シンクを点 $n$ とする。輸送したい物資の量を $F$ とする。枝 $(i,j)$ を通る物資の量 (点 $i$ から $j$ に向かって流れる物資の量) を $x_{ij}$ とすると問題は次のようになる。

$$\text{Maximize } F \tag{2.19}$$

$$\text{subject to } \sum_{j \in A_i} x_{ij} - \sum_{j \in B_i} x_{ji} = 0, \quad (i \neq 1, n) \tag{2.20}$$

$$\sum_{j \in A_1} x_{ij} = F \tag{2.21}$$

$$\sum_{j \in B_n} x_{jn} = F \tag{2.22}$$

$$\text{subject to } 0 \leq x_{ij} \leq c_{ij}, \quad (i,j) \in E \tag{2.23}$$

ここで $A_i$ は点 $i$ を始点とする枝の終点の集合を表し，$B_i$ は $i$ を終点とする枝の始点の集合を表すものとする．この問題の決定変数は $x_{ij}$ と $F$ である．制約条件 (2.20) は中間点における流量保存を表す式で**流量均衡条件**と呼ばれる．つまり，点 $i$ に流れ込む流量の総和 ($\sum_{j \in B_i} x_{ji}$) と $i$ から流れ出す流量の総和 ($\sum_{j \in A_i} x_{ij}$) が等しいという条件である．(2.21) はソースから流出する量 $F$ を定める式で，(2.22) はシンクに流入する量 (当然これも $F$ に等しい) を定める式である．制約条件 (2.23) は各枝の容量制約を表す．つまり，枝 $(i,j)$ を $i$ から $j$ に向って流れる量は $c_{ij}$ を超えないという条件である．証明は省略するが，実は (2.21) の条件は不要である．というのは (2.20),(2.22) の条件式から (2.21) が得られるからである．

ネットワーク $G = (V, E, c)$ において，頂点の部分集合 $X \subseteq V$ と，$X$ の補集合 $\bar{X} = V - X$ に対して

$$(X, \bar{X}) = \{(i,j) \in E \mid i \in X, j \in \bar{X}\} \subseteq E, \quad 1 \in X, n \in \bar{X} \tag{2.24}$$

によって与えられる枝の集合 $(X, \bar{X}) \subseteq E$ によってカットが定義される．また，カット $(X, \bar{X})$ に含まれる枝の容量の総和（カット容量）は

$$c(X, \bar{X}) = \sum_{(i,j) \in (X, \bar{X})} c_{ij} \tag{2.25}$$

によって定められる．前にも述べたが，図 2.2(i) におけるカット $(X, \bar{X})$ の容量は 17 である．一般に点 $1$ から $n$ に流れる任意の実行可能流の流量 $F$ と任意のカットの容量の間には，次の関係が成立する．

$$F \leq c(X, \bar{X}), \quad X \subseteq V \tag{2.26}$$

最大フロー・最小カットの定理によると，$F$ の最大値は，最小カット容量に等しい．すなわち，

$$\max F = \min\{c(X, \bar{X}) \mid X \subseteq V, 1 \in X, n \in \bar{X}\} \tag{2.27}$$

が成立する。

最大流問題は線形計画問題の特殊な場合であるので，それを解くのに線形計画法のアルゴリズムが利用できるが，問題の特殊性を利用してさまざまな高速アルゴリズムが開発されている ([1, 2, 4, 5])。

**(2) 最短路問題**

各枝 $(i,j)$ のコスト (長さ) $c_{ij}$ が与えられている**有向ネットワーク**（重みつき有向グラフ）$G = (V, E, c)$ に対して，ネットワークの点 $s$(始点) から点 $t$(終点) への長さ最小の道を見つける問題である。図 2.3(i) のネットワークに対して始点を 1，終点を 5 とすると，最短路は図 2.3(ii) に示されているように，$1 \to 3 \to 2 \to 5$ となる。

ネットワークのサイズが図 2.3 のように十分小さいと最短路を求めるのはやさしく見えるが，大規模の問題に対してはどのようにアプローチしてよいのか見当がつかないであろう。しかし，この問題は次のような数理計画問題として定式化でき，線形計画法によって解くことができる。以下の定式化では始点および終点の節点番号はそれぞれ $1, n$ とする。

$$\text{Minimize} \sum_{(i,j) \in E} c_{ij} x_{ij} \tag{2.28}$$

$$\text{subject to} \sum_{j \in A_i} x_{ij} - \sum_{j \in B_i} x_{ji} = 0, \quad (i \neq 1, n) \tag{2.29}$$

$$\sum_{j \in B_n} x_{jn} = 1 \tag{2.30}$$

$$x_{ij} = 0, 1 \quad (i,j) \in E \tag{2.31}$$

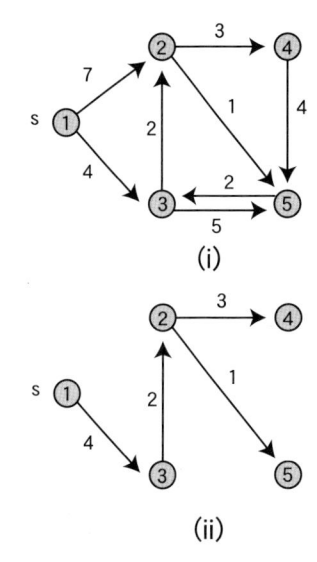

図 2.3　最短路問題とその最適解

$x_{ij} = 1$ は最短路が枝 $(i, j)$ を通ることを意味し，$x_{ij} = 0$ は $(i, j)$ を通らないことを意味する。すると，$x_{ij} = 1$ となる枝集合は点 1 から $n$ への道を表している。式 (2.29) は，$1, n$ 以外の点 $i$ では道が $i$ に入ってきたら出ていかなくてはいけないという条件である。つまり，$i$ で行き止まりになったり $i$ から新しい道が発生しないということを表している。式 (2.30) は始点からスタートした道が終点 $n$ で終っているという条件

である．点 1 からはちょうど 1 本の道が出ていなくてはいけないので，

$$\sum_{j \in A_1} x_{1j} = 1$$

という条件を加える必要があるように思うが，最大流問題と同じ理由で，この式は (2.29), (2.30) から出てくるのでその必要はない．制約条件 (2.31) は線形制約ではないので，この問題は線形計画問題ではない (他の制約条件や目的関数はすべて線形である)．しかし，幸いなことに (2.31) を

$$0 \leq x_{ij} \leq 1 \quad (i,j) \in E \tag{2.32}$$

に置き換えた線形計画問題を考えると，この問題の実行可能基底解は常に $x_{ij} = 0, 1$ となることが知られている．この性質から最短路問題は線形計画問題として定式化できることになる．

最大流問題と同様に，最短路問題も問題の特殊性を活かしたシンプレックス法より高速な解法が知られている．その中で代表的な**ダイクストラ法** (Dijkstra method) を簡単に紹介する．この方法は，始点から他のすべての点への最短路を求める方法である．始点を $s$ とする．そのアルゴリズムは $s$ からの最短距離がわかっている節点の集合 $S$ を作っていくものである．アルゴリズムの各ステップにおいて，残りの節点のうちで，$s$ から最短距離にある頂点が $S$ に付加される．以下のアルゴリズムでは，集合 $S$ は変数 $Set()$ で表現されている．すなわち，$Set(i) = 1$, $Set(i) = 0$ は各々 $i \in S$, $i \notin S$ を表すのに用いられる．

**アルゴリズム** 単一点を始点とする最短路のアルゴリズム

  入力： 重みつき有向ネットワーク $G = (V, E, c)$ と始点 $s$
  出力： $s$ から $s$ 以外の各点 $v$ への最短路とその長さ $d(v)$
  $Set(s) := 1, d(s) := 0, u^* := s;$
  { 以下，簡単のため $s = 1$ とする．}
  **for** $i = 2$ **to** $n;$

$$d(i) := +\infty, prev(i) := 0, Set(i) := 0;$$
 **end** { for }
**for** $k = 1$ **to** $n - 1$;
 **for** $i = 2$ **to** $n$;
  **if** $Set(i) = 0$ and $d(u^*) + c_{u^*,i} < d(i)$
   **then** $d(i) := d(u^*) + c_{u^*,i}, prev(i) := u^*;$
  **end** { if }
 **end** { for }
$$d(u^*) := \min\{d(i) \mid Set(i) = 0\};$$
$$e := (prev(u^*), u^*), Set(u^*) := 1;$$
$$T := T \cup \{e\};$$
**end** { for }
$d(i), prev(i), i = 1, 2, \ldots, n$ を出力する

アルゴリズムが終了した段階で，$s$ から $v$ への最短路の長さは $d(v)$ に記録されており，その道は $prev(v), prev(prev(v)), \cdots$ を $s$ に到達するまで，順にたどることによって逆順に得られる。

アルゴリズムは $n^2$ に比例する計算時間で済む．図 2.3(i) のネットワークに対してダイクストラ法を適用した結果，図 2.3(ii) の解を得る．

**(3) 最小費用流問題**

最大流問題と同様に，ソースを点 1，シンクを点 $n$ とする．輸送する物資の量を $F$ とする．最大流問題とは異なり，$F$ は定数である．物資はソースを出発し，途中分岐を許して，最終的にシンクに到達する．各枝 $(i, j)$ に対して枝の容量 $u_{ij}$ が与えられており，その枝を通る物資の量は容量を超えてはならない．しかも中継点においては物資の流入，流出がないものとする．各枝 $(i, j)$ には容量以外にその枝に沿って一単位の物資を輸送するコスト $c_{ij}$ が与えられている．問題は，これらの条件を満足する中で，費用最小で物資をソースからシンクに輸送する方法を求め

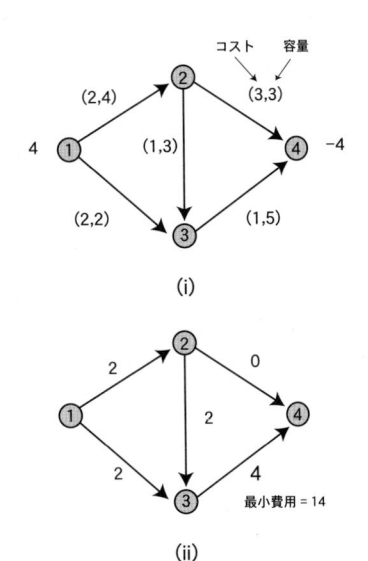

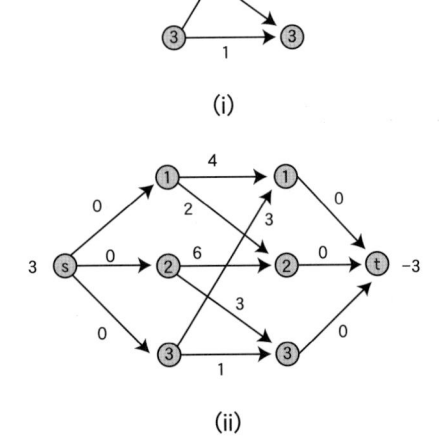

ることである．グラフは有向グラフとし，枝 $(i,j)$ に対して，点 $i$ から $j$ に向かって流れる物資の量を $x_{ij}$ とすると，問題は次のようになる．

$$\text{Minimize} \sum_{(i,j)\in E} c_{ij}x_{ij} \tag{2.33}$$

$$\text{subject to} \sum_{j\in A_i} x_{ij} - \sum_{j\in B_i} x_{ji} = 0 \quad i \neq 1, n \tag{2.34}$$

$$\sum_{j\in B_n} x_{jn} = F \tag{2.35}$$

$$0 \leq x_{ij} \leq u_{ij}, \quad (i,j) \in E \tag{2.36}$$

この問題の最適解を最小費用流という．$F=1$ で $u_{ij}=1$ の場合，$c_{ij}$ を枝 $(i,j)$ 間の距離と考えると，最小費用流問題は最短路問題と等価である．図 2.4(i) のネットワークに対して $n=4, F=4$ とすると，最小費用流は図 2.4(ii) のようになる．

最小費用流問題は，**割当問題** (assignment problem) と呼ばれる組合せ最適化問題を解くのに利用できる．割当問題とは次のような問題である．同じサイズの集合 $U$ と $V$ が与えられていて，$U$ の要素 $i$ を $V$ の要素 $j$ に割り当てたときに生じるコストを $c_{ij}$ とする．たとえば，$U$ は作業者の集合，$V$ は仕事の集合を表すとき，作業者 $i$ を仕事 $j$ に割り当てたときのコストを表している．各作業者はちょうど一つの作業に割り当てられ，一つの作業にはちょうど一人の作業者が割り当てられるものとする．このとき，割り当てコストの総和を最小にする仕事の割り当て方法を求める問題である．この問題をグラフを用いて表現するには二部グラフ $G=(U,V,E)$ を用いる．二部グラフとは，節点集合が $U$ と $V$ の二つに分割され，枝は $U$ と $V$ の間のみ存在し，$U$ どうしの点や $V$ どうしの点を結ぶ枝は存在しない．図 2.5(i) は割当問題の例である (枝に付された数字は枝のコストを表す)．

割当問題は次のようにして最小費用流問題に変換できる．ソース $s$ およびシンク $t$ と呼ばれる $G$ の点とは異なる2点を用意する．$s$ から $U$ の各点へコスト0の枝を設け，$V$ の各点から $t$ へコスト0の枝を設け

る (図 2.5(ii) 参照)。各枝の容量は 1 とする。このとき $s$ から $t$ へ流量 $F = |U|$ ($|U|$ とは集合 $U$ の要素数を表す) の最小費用流問題を考えると，その最適解において $U$ から $V$ に向かって流れのある枝集合が割当問題の解となる (図 2.6 参照)。

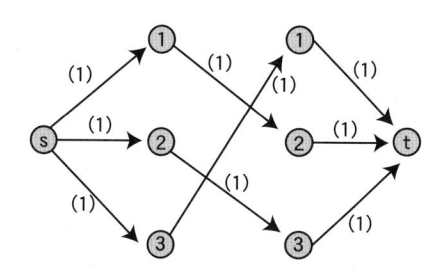

図 **2.6** 図 2.5(ii) の最小費用流問題の最適解

割当問題よりもっと一般的な**輸送問題** (transportation problem) と呼ばれる問題も最小費用流問題の特殊な場合である。いま，$m$ 個の倉庫 $W_i$ から $n$ 個の店 $D_j$ に商品を輸送するものとする。$x_{ij}$ を $W_i$ から $D_j$ の輸送量，$a_i$ を $w_i$ の取り扱い可能量，$b_j$ を $D_j$ での需要量，$c_{ij}$ を $W_i$ から $D_j$ への単位輸送費とすると，輸送問題は輸送費用を最小化する問題で，次のように定式化できる。

$$\text{Minimize } F = \sum_{i=1}^{m} \sum_{j=1}^{n} c_{ij} x_{ij} \tag{2.37}$$

$$\text{subject to } \sum_{j=1}^{n} x_{ij} \leq a_i, \quad (i = 1, 2, \ldots, m) \tag{2.38}$$

$$\sum_{i=1}^{m} x_{ij} \geq b_j, \quad (j = 1, 2, \ldots, n) \tag{2.39}$$

$$x_{ij} \geq 0, \quad (i = 1, 2, \ldots, m;\ j = 1, 2, \ldots, n) \tag{2.40}$$

輸送問題を最小費用流問題に帰着するには割当問題と同様の方法を用いればよい。

Chapter 3
Nonlinear Programming

# 3章　非線形計画法

## 第1節　非線形計画問題

第2章では，目的関数と制約条件が変数の線形関数で表されるような線形計画法を紹介した．最短経路問題やフロー最大化問題は，線形計画法として定式化され，実用面からも多くの成果が得られている．しかし，建築，機械，土木などの工学分野での構造設計問題や形状決定問題を単純な線形式で表現することはきわめて困難であり，第7章で紹介する最適設計問題を定式化するためには，線形計画法だけでは不十分である．

目的関数と制約関数の両方あるいは一部が変数の非線形関数であるような最適化問題を**非線形計画問題** (nonlinear program) といい，それに対する解法を**非線形計画法** (NonLinear Programming, NLP) という．本章では，非線形計画法の概要を紹介する．詳細については，数理計画法の専門書 [6–8] あるいは構造最適化の入門書 [9–11] を参照されたい．

変数ベクトルを $x$，最小化すべき**目的関数**を $F(x)$，等式および不等式制約条件の数をそれぞれ $N^E, N^I$ とし，$i$ 番目の等式および不等式制約条件を定める関数を $G_i(x), H_i(x)$ とすると，非線形計画問題は一般に次のような形式となる．

$$\text{Minimize} \quad F(x) \tag{3.1}$$

$$\text{subject to} \quad G_i(x) = 0, \quad (i = 1, 2, \ldots, N^E) \tag{3.2}$$

$$H_i(x) \leq 0, \quad (i = 1, 2, \ldots, N^I) \tag{3.3}$$

線形計画問題とは異なり，非線形計画問題にはあらゆる種類の問題に有効であるような手法は存在せず，問題ごとに適切な手法を選んで使用するのが望ましい．以下では，制約条件がない問題，制約条件付き問題のそれぞれについて，目的関数の勾配の方向に探索する方法と，最適解において満たされるべき**最適性条件** (optimality condition, optimality criterion) を解く方法を紹介する．

## 第2節　制約条件のない最適化問題

### 2.1　1変数の最適化問題

最も簡単な場合として，1変数関数 $F(x)$ の最小化問題を考える。ここで，$x$ の範囲についての制約はないものとする。$F(x)$ を最小にする最適解 $\tilde{x}$ が存在すれば，$x = \tilde{x}$ において $F(x)$ の微分係数（導関数の値）は 0 だから，次の**停留条件** (stationary condition) が成立する。

$$\frac{\mathrm{d}F(x)}{\mathrm{d}x} = 0 \tag{3.4}$$

式 (3.4) を満たす解を**停留点** (stationary point) という。

ここでは，$F(x)$ が $x$ の連続微分可能な関数である場合を想定している。

図 3.1 は，

$$F(x) = 3x^4 - 22x^3 + 57x^2 - 60x + 23 \tag{3.5}$$

とその導関数

$$\frac{\mathrm{d}F(x)}{\mathrm{d}x} = 6(x-1)(x-2)(2x-5) \tag{3.6}$$

を描いたものである。$F(x)$ は $x$ の 4 次関数だから，三つの停留点が存在している。その中で，$x = 1$ が**大域最適解** (global optimum) $\tilde{x}$，$x = 2.5$ が**局所最適解** (local optimum) であり，$x = 2$ は $F(x)$ を局所的に最大にする解である。最適解での目的関数値を**最適目的関数値** (optimal objective value) といい，この例では $F(\tilde{x}) = 1$ である。

このように，停留条件式 (3.4) は最適解であるための**必要条件** (necessary condition) であり，最適解ならば満たされる条件であるが，停留条件が満たされている場合でも最適解であるとは限らない。すなわち，停留条件は最適解であるための**十分条件** (sufficient condition) ではない。この他にも，$F(x)$ の**変曲点** (point of inflection) も停留点であるが，最適解ではない。

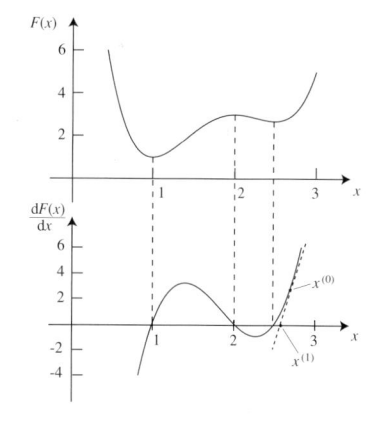

図 **3.1**　1 変数関数の導関数と停留点

図 3.1 の例では，停留条件式を容易に解くことができ，$F(x)$ が 4 次関数で，4 次の係数が正だから，2 階導関数

$$\frac{\mathrm{d}^2 F(x)}{\mathrm{d}x^2} = 36x^2 - 132x + 114 \tag{3.7}$$

の符号が正である二つの停留点のうちで，$F(x)$ が小さいほうの解が大域最適解である．

ところが，$F(x)$ が $x$ の多項式でない場合には，停留条件式 (3.4) を直接解くことは困難である．その場合には，式 (3.4) を満たす解を**ニュートン法** (Newton's method) を用いて解く．簡単のため，$F'(x) = \mathrm{d}F(x)/\mathrm{d}x$，$F''(x) = \mathrm{d}^2 F(x)/\mathrm{d}x^2$ の記号を用いると，ニュートン法のアルゴリズムの概要は次のとおりである．

**Step 1** $x$ の初期値 $x^{(0)}$ を与え，カウンター $k$ を 0 とする．

**Step 2** $F''(x^{(k)})$ を評価し，次の線形近似式を解いて停留条件 $F'(x) = 0$ を満たす $x$ の値 $\tilde{x}$ を予測する．

$$F'(x^{(k)}) + F''(x^{(k)})(\tilde{x} - x^{(k)}) = 0 \tag{3.8}$$

**Step 3** $|\tilde{x} - x^{(k)}|$ が十分に小さければ終了し，そうでなければ $x^{(k+1)} = \tilde{x}$ とし，$k$ を 1 増加させて Step 2 へ戻る．

図 3.1 に示すように，たとえば $x^{(0)} = 2.7$ とすると，$F'(2.7) = 2.856$，$F''(2.7) = 20.04$ だから，式 (3.8) より $\tilde{x} = 2.557$ を得る．$|\tilde{x} - x^{(0)}|$ は十分に小さいとはいえないから，$x^{(1)} = 2.557$ として再度線形予測を行う．この方法では，初期値に近い停留点が得られることが多いため，大域最適解が得られる保証はない．図 3.1 の例で，$x$ の初期値を 1 に近い値とすれば $\tilde{x} = 1$ の大域最適解が得られるが，$x = 2.5$ 付近から始めると，局所最適解に到達する．また，関数の形状によっては，解が振動したり発散したりする場合がある．さらに，ニュートン法では目的関数の 2 階微分係数 $F''(x)$ が必要であり，$F(x)$ が $x$ の複雑な関数のときにはその適用が困難である．

## 2.2 多変数の最適化問題

多変数関数の最適化手法について述べる前に，まず，**勾配ベクトル** (gradient vector) を定義する。変数ベクトル $\bm{x} = (x_1, x_2, \ldots, x_N)^\top$ の関数 $F(\bm{x})$ の勾配ベクトル $\nabla F(\bm{x})$ は，次式で定義される。

$$\nabla F(\bm{x}) = \left( \frac{\partial F}{\partial x_1}, \frac{\partial F}{\partial x_2}, \cdots, \frac{\partial F}{\partial x_N} \right)^\top \tag{3.9}$$

ここで，上添字 $\top$ はベクトルの転置を表す。$\nabla F(\bm{x})$ は，$\bm{x}$ の変化の大きさが与えられたときに，$F(\bm{x})$ の増加量が最も大きい方向を示している。

次のような2変数関数を考える。

$$F(\bm{x}) = \frac{1}{2}(x_1 - 3)^2 + (x_2 - 2)^2 \tag{3.10}$$

図 3.2 の楕円は，$F(\bm{x})$ の値が一定の曲線（等高線）を示している。この関数の勾配ベクトルは次のようになる。

$$\nabla F(\bm{x}) = \begin{pmatrix} x_1 - 3 \\ 2(x_2 - 2) \end{pmatrix} \tag{3.11}$$

たとえば，$(x_1, x_2) = (4, 3)$ の点 A において $F(\bm{x}) = 3/2$ であり，図 3.2 に示すように，$\nabla F(\bm{x}) = (1, 2)^\top$ である。

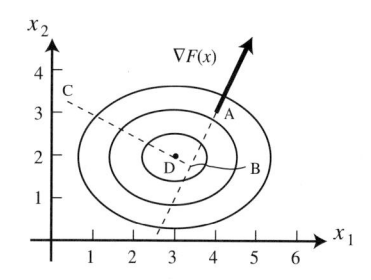

**図 3.2** 2 変数関数の等高線と勾配ベクトル

### 最急降下法

勾配ベクトルの定義から，$-\nabla F(\bm{x})$ の方向に変数を変更すれば，最も効率よく $F(\bm{x})$ を減少させることができる。$\bm{x}$ の変動量の大きさを定めるパラメータを $\tau$ として，次式のように $\bm{x}$ を更新して最適解に近づいていく方法を**最急降下法** (steepest decent method) という。

$$\bm{x}^{(k+1)} = \bm{x}^{(k)} - \tau \nabla F(\bm{x}^{(k)}) \tag{3.12}$$

ここで，$k$ は繰返しのカウンターである。

この方法では，$\tau$ が大きいと最適解を通り越してしまう可能性がある。また，$\tau$ が小さいときわめて計算効率が悪くなる。したがって，通常は

$-\nabla F(\boldsymbol{x})$ により方向のみを定め，その方向で $F(\boldsymbol{x})$ が最小となる点を**ラインサーチ** (line search) により求める．たとえば，図 3.2 の例では，$(x_1, x_2) = (4, 3)$ の点 A を初期値とすると，$-\nabla F(\boldsymbol{x}) = (-1, -2)^\top$ の方向に進み，ラインサーチを行って点 B に達する．さらにこの点で勾配ベクトルを再計算し，点 C の方向に進んで最適解 D に達する．この例では，簡単に大域最適解に達することができるが，目的関数の形状と初期値の関係によっては，図 3.3(b) のようにきわめて効率の悪い場合や，図 3.3(c) のように局所最適解に収束する場合がある．

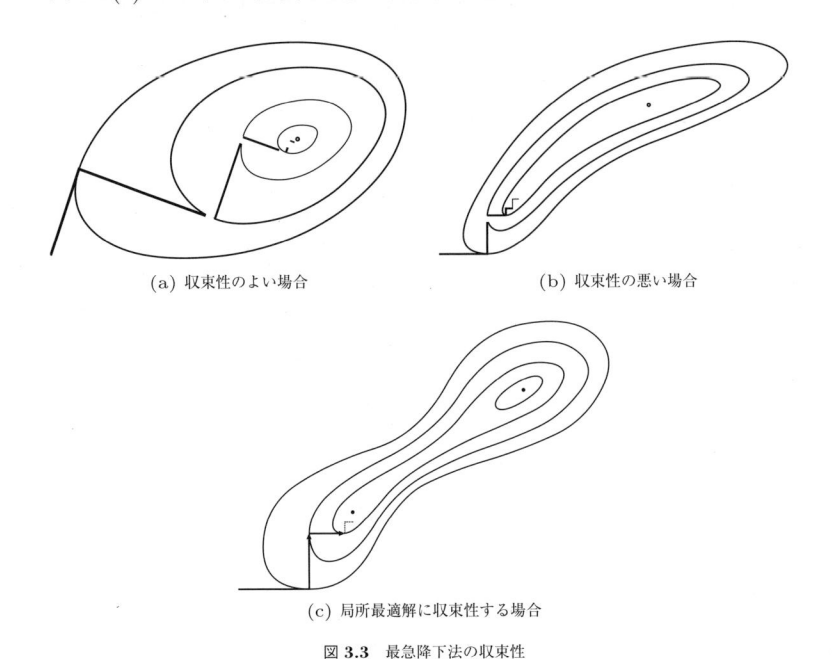

(a) 収束性のよい場合    (b) 収束性の悪い場合

(c) 局所最適解に収束性する場合

図 3.3　最急降下法の収束性

ラインサーチの最も単純なアルゴリズムは，以下に示す**2分法**である。

**Step 1** 最急降下法の $k$ 回目の繰返しステップでの解 $\boldsymbol{x}^{(k)}$ が求まっているものとし，$\tau$ の初期値 $\tau^{[0]}$ を与え，カウンター $j$ を 0 とする。

**Step 2** $\boldsymbol{x}^{[0]} = \boldsymbol{x}^{(k)}$ とする。

**Step 3** $\boldsymbol{x}^{[j+1]} = \boldsymbol{x}^{[j]} - \tau^{[j]} \nabla F(\boldsymbol{x}^{(k)})$ とし，$F(\boldsymbol{x}^{[j+1]})$ を評価する。

**Step 4** $F(\boldsymbol{x}^{[j+1]}) < F(\boldsymbol{x}^{[j]})$ のとき，$\tau^{[j+1]} = \tau^{[j]}$，$j \leftarrow j+1$ として Step 3 へ。

**Step 5** $|F(\boldsymbol{x}^{[j+1]}) - F(\boldsymbol{x}^{[j]})|$ が終了判定のための指定値より大きいとき，$\tau^{[j+1]} = -\tau^{[j]}/2$，$j \leftarrow j+1$ として Step 3 へ。

**Step 6** $\boldsymbol{x}^{(k+1)} \leftarrow \boldsymbol{x}^{[j]}$ として終了。

ラインサーチには，2分法以外にも，$-\nabla F(\boldsymbol{x})$ の方向の直線上で $F(\boldsymbol{x})$ の値を $\tau$ の 2 次関数で近似し，$F(\boldsymbol{x})$ が最小となるような $\tau$ の値を近似的に求める方法など，種々の方法がある。

### ニュートン法

最急降下法のように，目的関数が減少する方向へ解を逐次更新する方法以外にも，最適解で満たされる条件を**ニュートン法**によって直接解く方法もある。勾配ベクトルを用いると，多変数の場合の停留条件は次のようになる。

$$\nabla F(\boldsymbol{x}) = \boldsymbol{0} \tag{3.13}$$

いま，$k$ 回目の繰返しステップでの値 $\boldsymbol{x}^{(k)}$ において式 (3.13) が満たされていないものとする。$\boldsymbol{x}^{(k)}$ の近傍での $\nabla F(\boldsymbol{x})$ を $F(\boldsymbol{x})$ の 2 階導関数を用いて線形近似すると，更新された $\boldsymbol{x}$ で式 (3.13) が満たされるための条件は次のように書ける。

$$\nabla F(\boldsymbol{x}^{(k)}) + \nabla^2 F(\boldsymbol{x}^{(k)})(\boldsymbol{x} - \boldsymbol{x}^{(k)}) = \boldsymbol{0} \tag{3.14}$$

ここで，$\nabla^2 F(\boldsymbol{x})$ は第 $(i,j)$ 成分が $\dfrac{\partial^2 F}{\partial x_i \partial x_j}$ である行列であり，**ヘッセ行列** (Hesse matrix) あるいは**ヘシアン** (Hessian) と呼ばれる．たとえば，2 変数のときには，

$$\nabla^2 F(\boldsymbol{x}) = \begin{bmatrix} \dfrac{\partial^2 F}{\partial x_1^2} & \dfrac{\partial^2 F}{\partial x_1 \partial x_2} \\ \dfrac{\partial^2 F}{\partial x_2 \partial x_1} & \dfrac{\partial^2 F}{\partial x_2^2} \end{bmatrix} \tag{3.15}$$

である．

式 (3.14) を形式的に $\boldsymbol{x}$ について解くと，

$$\boldsymbol{x} = \boldsymbol{x}^{(k)} - [\nabla^2 F(\boldsymbol{x}^{(k)})]^{-1} \nabla F(\boldsymbol{x}^{(k)}) \tag{3.16}$$

が得られる．しかし，数値解析の際には，ヘッセ行列の逆行列を求める操作は行わず，連立 1 次方程式

$$\left[\nabla^2 F(\boldsymbol{x}^{(k)})\right] (\boldsymbol{x} - \boldsymbol{x}^{(k)}) = -\nabla F(\boldsymbol{x}^{(k)}) \tag{3.17}$$

を解いて $\boldsymbol{x}$ の変更量 $\boldsymbol{x} - \boldsymbol{x}^{(k)}$ を求める．

ところで，$F(\boldsymbol{x})$ が $\boldsymbol{x}$ の 2 次関数である場合を除いて，式 (3.17) を解いて得られる解には誤差が存在する．その誤差の影響を低減するために，ここでも最急降下法のときと同様に**ラインサーチ**を行い，

$$\boldsymbol{x}^{(k+1)} = \boldsymbol{x}^{(k)} + \tau (\boldsymbol{x} - \boldsymbol{x}^{(k)}) \tag{3.18}$$

のように変更量を調整する．

この方法は，1 変数の場合と同様に，最小化問題において $F(\boldsymbol{x})$ が $\boldsymbol{x}$ の凸関数の場合には良好な収束性を示すが，それ以外の場合には収束性は保証されない．また，目的関数の 2 階の導関数を計算しなければならないため，変数の数が多い場合には連立 1 次方程式 (3.17) を解くための計算負荷が大きく，また，目的関数が $\boldsymbol{x}$ の複雑な関数の場合には 2 階導関数の計算自体が困難なため，プログラムが複雑となる．

これらの欠点を克服するため，共役ベクトルという概念を導入した手法を**共役勾配法** (conjugate gradient method) という．さらに，繰り返し計算の過程でヘッセ行列あるいはその逆行列の近似値を求める方法を，**可変計量法** (variable metric method)，Davinson-Fletcher-Powell (DFP) 法あるいは BFGS 法といい，これらをまとめて**準ニュートン法** (quasi-Newton method) という．

## 第3節　制約条件付き最適化問題

前節では，制約条件のない非線形計画問題の古典的解法を紹介した。ところで，第7章で示すような建築構造物の最適設計問題では，構造物に外力が作用したときの部材応力や節点変位に関する制約条件が与えられ，それらは部材断面積や節点座標などの設計変数の複雑な非線形関数となっている。したがって，建築構造物の設計を考えるならば，制約条件のある非線形計画問題を解く必要がある。以下では，等式制約と不等式制約の二つの場合に分けて，最適解で満たされる条件と一般的解法を示す。

### 3.1　等式制約条件付き最適化問題

制約条件付き最適化問題の簡単な場合として，等式制約条件のみが存在する場合を考える。このような最適化問題の停留条件は，**ラグランジュ乗数法** (Lagrange multiplier method) を用いて導くことができる。

$\lambda_j$ を等式制約条件 $G_j = 0 (j = 1, 2, \ldots, N^E)$ に対応する**ラグランジュ乗数** (Lagrange multiplier) とし，$\boldsymbol{\lambda} = (\lambda_j)^\top$ の記号を用いて**ラグランジュ関数** (Lagrange function) を

$$L(\boldsymbol{x}, \boldsymbol{\lambda}) = F(\boldsymbol{x}) + \sum_{j=1}^{N^E} \lambda_j G_j(\boldsymbol{x}) \tag{3.19}$$

のように定める。$L(\boldsymbol{x}, \boldsymbol{\lambda})$ は**ラグランジアン** (Lagrangian) ともいわれる。以下では，簡単のため関数の引数は省略する。

$L$ を $x_i$ で偏微分することにより，次の**停留条件**が導かれる。

$$\frac{\partial L}{\partial x_i} = \frac{\partial F}{\partial x_i} + \sum_{j=1}^{N^E} \lambda_j \frac{\partial G_j}{\partial x_i} = 0, \quad (i = 1, 2, \ldots, N) \tag{3.20}$$

ここで，未知数は，$N$ 個の変数 $x_i$ と $N^E$ 個のラグランジュ乗数 $\lambda_j$ である．したがって，$N^E$ 個の制約条件と $N$ 個の停留条件式 (3.20) を連立させて解くことにより，停留条件と制約条件を満たす解が得られる．この場合にも，停留条件は最適解となるための必要条件であるから，得られた解が大域最適解である保証はない．このような条件を**最適性必要条件** (necessary condition for optimality) という．

式 (3.20) をベクトル形式で書くと次のようになる．

$$\nabla L = \nabla F + \sum_{j=1}^{N^E} \lambda_j \nabla G_j = \mathbf{0} \tag{3.21}$$

式 (3.21) より，最適解では，目的関数の勾配ベクトルが制約関数の勾配ベクトルの線形結合として

$$\nabla F = -\sum_{j=1}^{N^E} \lambda_j \nabla G_j \tag{3.22}$$

で表されることがわかる．図 3.4 に示すように，制約条件が一つの場合には，最適解において $\nabla F$ と $\nabla G_1$ は同一線上に存在する．

たとえば，図 3.2 の関数 $F(\boldsymbol{x}) = \frac{1}{2}(x_1 - 3)^2 + (x_2 - 2)^2$ を制約条件

$$G_1(\boldsymbol{x}) = x_1 + x_2 - 4 = 0 \tag{3.23}$$

の下で最小化する問題を考えてみる．ラグランジアンは

$$L(\boldsymbol{x}, \boldsymbol{\lambda}) = \frac{1}{2}(x_1 - 3)^2 + (x_2 - 2)^2 + \lambda_1(x_1 + x_2 - 4) \tag{3.24}$$

であり，その停留条件は

$$x_1 - 3 + \lambda_1 = 0 \tag{3.25}$$

$$2x_2 - 4 + \lambda_1 = 0 \tag{3.26}$$

となる．これらの式と制約条件式 (3.23) を連立させて解くと，

$$x_1 = \frac{7}{3}, \quad x_2 = \frac{5}{3}, \quad \lambda_1 = \frac{2}{3} \tag{3.27}$$

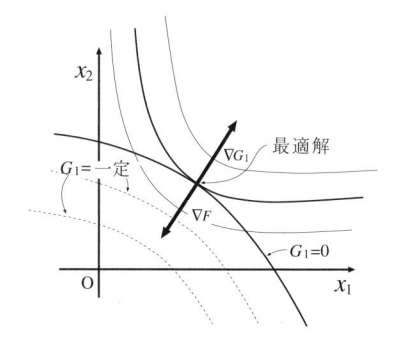

図 **3.4** 最適解での目的関数と制約関数の勾配ベクトル（等式制約条件の場合）

を得る。

この例題は、目的関数が変数の2次式で、制約関数が1次式だから、**2次計画問題**といわれる。2次計画問題において制約条件が等式であり、目的関数が凸2次関数のときには、制約条件の数が変数の数より多いような特殊な場合を除いて、最適解は連立1次方程式を一度解くだけで得られる。

### 3.2 不等式制約条件付き最適化問題

不等式制約条件 $H_j(\boldsymbol{x}) \leq 0$, $(j = 1, 2, \ldots, N^I)$ が存在する問題を考え、簡単のため、等式制約条件は存在しないものとする。2変数の場合で制約条件が二つとすると、$H_1(\boldsymbol{x}) \leq 0, H_2(\boldsymbol{x}) \leq 0$ で定められる**許容領域**は、図3.5の斜線で示すような領域となる。不等式制約が存在する場合も、等式制約の場合と同様にして、**ラグランジアン**を次のように定義する。

$$L(\boldsymbol{x}, \boldsymbol{\mu}) = F(\boldsymbol{x}) + \sum_{j=1}^{N^I} \mu_j H_j(\boldsymbol{x}) \tag{3.28}$$

ここで、$\boldsymbol{\mu} = (\mu_j)^\top$ は**ラグランジュ乗数ベクトル**である。

$L(\boldsymbol{x}, \boldsymbol{\mu})$ を $\boldsymbol{x}$ で偏微分すると、次式を得る。

$$\nabla L = \nabla F + \sum_{j=1}^{N^I} \mu_j \nabla H_j = \boldsymbol{0} \tag{3.29}$$

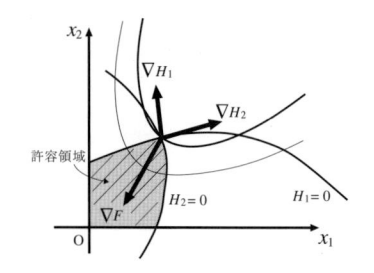

図 **3.5** 最適解での目的関数と制約関数の勾配ベクトル（不等式制約条件の場合）

ところで、最小化問題の最適解では、その定義から、許容領域の内部あるいは境界の方向へ変数を変更したときに、目的関数が減少することはない。したがって、$H_j = 0$ が満たされているような**活動的な制約条件** (active constraint) に対しては、$-\nabla H_j$ の方向に変数を変更したときに $F$ は減少してはならない。一方、$H_i < 0$ であるような**非活動的な制約条件** (inactive constraint) は、存在しなくても最適解は変わらないため、最適性条件にも影響を及ぼさない。以上より、最適解では、図3.5に示すように、目的関数の勾配ベクトル $\nabla F$ が、最適解で活動的に

大域的には影響を及ぼす場合があるが、ここでは局所的な特性のみを考えている。

なっている制約関数の勾配ベクトルの線形結合でかつ係数が非負であるようなベクトルと反対方向でなければならない．したがって，最適解では次式が成立する．

$$\nabla F + \sum_{j=1}^{N^I} \mu_j \nabla H_j = \mathbf{0} \tag{3.30}$$

$$\begin{cases} H_j = 0 \text{ のとき} & \mu_j \geq 0 \\ H_j < 0 \text{ のとき} & \mu_j = 0 \end{cases} \tag{3.31}$$

式 (3.30), (3.31) で表される**最適性必要条件**を **Karush-Kuhn-Tucker 条件**といい，式 (3.31) を**相補性条件** (complementarity condition) という．

## 3.3 ペナルティ法

**ペナルティ関数** (penalty function) を導入し，制約条件付き最適化問題を制約条件の存在しない問題に変換する方法を**ペナルティ法** (penalty method) という．以下では，簡単のため不等式制約条件のみが存在する場合を考える．

制約条件の不満足に対して課せられるペナルティを定める関数を $R(H_j(\boldsymbol{x}))$，**ペナルティ係数** (penalty coefficient) を $r$ とし，以下のように改訂目的関数 $F^*(\boldsymbol{x}, r)$ を定義する．

$$F^*(\boldsymbol{x}, r) = F(\boldsymbol{x}) + r \sum_{j=1}^{N^I} R(H_j(\boldsymbol{x})) \tag{3.32}$$

ペナルティ法は，$R$ の与え方により，**外点法**と**内点法**に分類できる．外点法では，制約条件 $H_j \leq 0$ が満たされない領域で，その不満足量に応じたペナルティを与える．ペナルティ関数には種々の定義が存在するが，たとえば 2 次関数を用いて次のように定めることができる．

$$\begin{cases} H_j(\boldsymbol{x}) > 0 \text{ のとき} & R(H_j(\boldsymbol{x})) = H_j(\boldsymbol{x})^2 \\ H_j(\boldsymbol{x}) \leq 0 \text{ のとき} & R(H_j(\boldsymbol{x})) = 0 \end{cases} \tag{3.33}$$

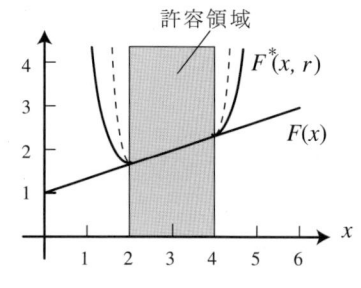

図 3.6　外点法の場合の改訂目的関数の例 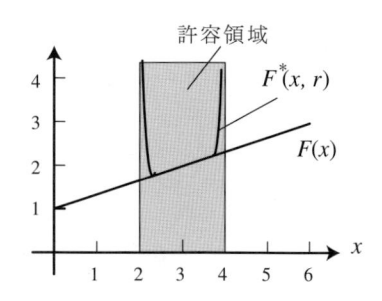　　図 3.7　内点法の場合の改訂目的関数の例

パラメータ $r$ を定め，目的関数として $F^*$ を採用して制約条件のない場合の最適化手法を用いて最適解を求める．もとの不等式制約条件を有する最適化問題の最適解において，不等式制約条件がアクティブになるときには，$r$ が小さいと，目的関数 $F^*(x,r)$ を最小化すると，制約条件の不満足量が大きいような近似最適解が得られてしまう場合がある．したがって，その近似最適解を初期解として，$r$ を増加させて再び近似最適解を求め，制約条件の不満足量が十分に小さくなれば終了する．図 3.6 は，関数 $F(x) = x/3 + 1$ を制約条件 $2 \leq x \leq 4$ の下で最小化する場合の $F^*(x,r)$ の例を示したものである．$r$ が小さいとき $F^*(x,r)$ は実線のようであり，$r$ を大きくすると点線のようになって停留点は最適解 $x = 2$ に近づく．

このように，外点法には，得られる近似最適解は常に許容領域の外側に存在するという欠点がある．それに対し，内点法では，対数関数などを用いて，図 3.7 に示すように，許容領域の内部から境界に近づくと大きくなるようなペナルティ関数を定めるため，制約条件を満たす近似最適解が得られる．

## 3.4　逐次 2 次計画法

制約条件付き最適化問題に対する多くの手法の中で，汎用的で効率のよい手法であるといわれているのが**逐次 2 次計画法** (Sequential

Quadratic Programming, SQP) である. この手法について説明する前に, まず**逐次線形計画法** (Sequential Linear Programming, SLP) を紹介する.

SLP は, その名のとおり, 目的関数と制約関数を線形化し, 繰返し線形計画問題を解くことで非線形計画問題の解を得る手法である. 第 $k$ ステップでの線形計画問題の解 $\boldsymbol{x}^{(k)}$ において, $F(\boldsymbol{x}), G_j(\boldsymbol{x})$ および $H_j(\boldsymbol{x})$ を次のように線形近似する.

$$F(\boldsymbol{x}) \simeq F(\boldsymbol{x}^{(k)}) + \nabla F^\top(\boldsymbol{x}^{(k)})(\boldsymbol{x} - \boldsymbol{x}^{(k)}) \tag{3.34}$$

$$G_j(\boldsymbol{x}) \simeq G_j(\boldsymbol{x}^{(k)}) + \nabla G_j^\top(\boldsymbol{x}^{(k)})(\boldsymbol{x} - \boldsymbol{x}^{(k)}) \tag{3.35}$$

$$H_j(\boldsymbol{x}) \simeq H_j(\boldsymbol{x}^{(k)}) + \nabla H_j^\top(\boldsymbol{x}^{(k)})(\boldsymbol{x} - \boldsymbol{x}^{(k)}) \tag{3.36}$$

したがって, $\boldsymbol{x}$ の変更量を $\Delta \boldsymbol{x}^{(k)}$ とし, $\boldsymbol{x} = \boldsymbol{x}^{(k)} + \Delta \boldsymbol{x}^{(k)}$ において制約条件が線形近似の下で満たされるという条件を用いると, 非線形計画問題は次のような**線形計画問題**に置き換えられる.

$$\text{Minimize} \quad F(\boldsymbol{x}) = F(\boldsymbol{x}^{(k)}) + \nabla F^\top(\boldsymbol{x}^{(k)})\Delta \boldsymbol{x}^{(k)} \tag{3.37}$$

$$\text{subject to} \quad G_j(\boldsymbol{x}^{(k)}) + \nabla G_j^\top(\boldsymbol{x}^{(k)})\Delta \boldsymbol{x}^{(k)} = 0, \quad (i = 1, 2, \ldots, N^E) \tag{3.38}$$

$$H_j(\boldsymbol{x}^{(k)}) + \nabla H_j^\top(\boldsymbol{x}^{(k)})\Delta \boldsymbol{x}^{(k)} \leq 0, \quad (i = 1, 2, \ldots, N^I) \tag{3.39}$$

この線形計画問題は, シンプレックス法などを用いて解くことができ, $\boldsymbol{x}^{(k)}$ を逐次更新することにより非線形計画問題の最適解を得ることができる. このような手法を SLP という.

SLP において, $\boldsymbol{x}$ の変更量 $\Delta \boldsymbol{x}^{(k)}$ の大きさに制限がないと, 第 $k$ ステップでの解 $\boldsymbol{x}^{(k)}$ と第 $k+1$ ステップでの解 $\boldsymbol{x}^{(k+1)} = \boldsymbol{x}^{(k)} + \Delta \boldsymbol{x}^{(k)}$ がかけ離れた解となり, 線形近似による誤差がきわめて大きくなって収束しなくなる場合がある. このような場合, $\Delta \boldsymbol{x}^{(k)}$ の大きさに対する制限値 (move limit) を与えれば, 解の発散あるいは振動を防ぐことがで

きる．しかし，制限値が小さすぎると，線形計画問題の許容領域が小さくなるため，解が存在しなくなる場合がある．そこで，$\Delta \boldsymbol{x}^{(k)}$ の大きさに対応するペナルティを導入した下記のような **2 次計画問題**を逐次解く SQP が有効である．

$$\text{Minimize} \quad F(\boldsymbol{x}) = F(\boldsymbol{x}^{(k)}) + \nabla F(\boldsymbol{x}^{(k)}) \Delta \boldsymbol{x}^{(k)} + \frac{1}{2} \Delta \boldsymbol{x}^{(k)\top} \boldsymbol{D} \Delta \boldsymbol{x}^{(k)} \tag{3.40}$$

$$\text{subject to} \quad G_j(\boldsymbol{x}^{(k)}) + \nabla G_j^\top(\boldsymbol{x}^{(k)}) \Delta \boldsymbol{x}^{(k)} = 0, \quad (i = 1, 2, \ldots, N^E) \tag{3.41}$$

$$H_j(\boldsymbol{x}^{(k)}) + \nabla H_j^\top(\boldsymbol{x}^{(k)}) \Delta \boldsymbol{x}^{(k)} \leq 0, \quad (i = 1, 2, \ldots, N^I) \tag{3.42}$$

ここで，$\boldsymbol{D}$ は $\Delta \boldsymbol{x}^{(k)}$ の大きさに対するペナルティを定める行列であり，任意の $\Delta \boldsymbol{x}^{(k)}$ に対して $\Delta \boldsymbol{x}^{(k)\top} \boldsymbol{D} \Delta \boldsymbol{x}^{(k)} \geq 0$ となるような**半正定値行列** (positive semi-definite matrix) を用いることができる．最も単純な場合には，$\boldsymbol{D}$ を単位行列とすることも可能である．しかし，もとの非線形計画問題のラグランジアンの**ヘッセ行列**を $\boldsymbol{D}$ に用いると，2 次計画問題を解いて得られる $\Delta \boldsymbol{x}^{(k)}$ によって，非線形計画問題の最適性必要条件を満たすように解が修正されることになり，収束性が向上する．一般にヘッセ行列を求めるのは困難だから，ここでも準ニュートン法と同様に，近似ヘッセ行列が用いられる．

不等式制約条件の存在する非線形計画問題の解法には，上記の他，**勾配投影法** (gradient projection method)，**許容方向法** (feasible direction method) 等が存在するが，詳しくは専門書を参照されたい [10, 11]．また，**構造最適化**の分野では，最適性必要条件が単純な形式で書ける問題において，その条件を満たす解を直接求める手法 (**最適性規準法**) を用いることも多い．

**Chapter 4**
Integer Programming and Combinatorial Optimization

# 4章 整数計画法と組合せ最適化

## 第 1 節　整数計画法と分枝限定法

**整数計画問題**とは，変数の取り得る値が整数に限られるというタイプの問題である．世の中に現れる最適化問題では**決定変数**が 0 か 1 とか，整数であるという場合が多い．第 2 章で言及した**最短路問題**や**割当問題**も実は変数の取り得る値は 0 か 1 という問題であった（しかし，線形計画問題の基底解が常に整数解となるという有難い性質のおかげで線形計画法の手法が適用できた）．生産計画問題でも，厳密にいうと生産したい製品の個数は整数に限られる．後述するように，整数計画問題として定式化可能な多くの応用例があるが，いつでも線形計画法の手法で整数解が出てくるとは限らず，割当問題のような場合は特殊である．整数計画問題を効率よく解くことは一般に難しい．以下，まずはじめに整数計画問題を一般的に定義して，それを解くための一般的方法について触れる．この方法は，変数や制約条件式の数が増えると莫大な計算時間がかかり，最適解を求めることは実際上不可能となる．このため，問題のタイプに応じたアルゴリズムの工夫を施す必要がある．

整数計画問題は一般に次のように書ける．

$$\text{Maximize } z = \sum_{j=1}^{n} c_j x_j \tag{4.1}$$

$$\text{subject to } \sum_{i=1}^{n} a_{ij} x_j \leq b_i, \quad (i=1,\ldots,m) \tag{4.2}$$

$$x_j \geq 0, \quad (j=1,\ldots,n) \tag{4.3}$$

$$x_j : \text{整数}, \quad (j=1,\ldots,n) \tag{4.4}$$

ここで，$n$ は変数の数，$m$ は制約式の数である．$x_j$ が 0 か 1 に限られるとき，**0-1 整数計画問題**と呼ぶ．上の定式化ではすべての変数が整数に限られているが，一部の変数が実数変数であるとき，そのような問題

を**混合整数計画問題**と呼ぶ．

次の問題は**ナップザック問題** (knapsack problem) と呼ばれる 0-1 整数計画問題の特殊な場合である．$n$ 個の品物 ($j$ 番目の品物のサイズ (重量) は $a_j$ (単位 kg) であり，その価値は $c_j$ (単位 万円) である) のうち，いくつか選んで一つのナップザックに詰め込むのにナップザックの重量制限 $b$(kg) を越えることなく，しかも最も価値が大きくなるように詰め込みたい．どのように詰め込めばよいかという問題である．$x_j = 1$ は品物 $j$ をナップザックに詰め込むという決定を意味し，$x_j = 0$ は詰め込まないという決定を意味する．

$$\text{Maximize } z = \sum_{j=1}^{n} c_j x_j \tag{4.5}$$

$$\text{subject to } \sum_{j=1}^{n} a_j x_j \leq b \tag{4.6}$$

$$x_j = 0, 1, \quad j = 1, 2, \ldots, n \tag{4.7}$$

ここで，$c_j, a_j$ はすべて非負整数である．非常に単純な問題であるので多くの応用がある．

再び一般的問題に戻って，問題 (4.1)–(4.2) の最適値を $z_{IP}$ とし，この問題から整数条件を緩めて，$x_j \geq 0$ の実数条件に変更して得られる線形計画問題の最適値を $z_{LP}$ とする．一般に

$$z_{IP} \leq z_{LP} \tag{4.8}$$

が成り立つ．なぜなら，制約条件を緩和しているので実行可能領域が広くなり，目的関数値をより大きくする解が存在し得るからである．したがって，この線形計画問題を**線形緩和問題** (linear relaxation problem) と呼ぶ．

整数計画問題を効率よく解く一般解法は知られていない．制約領域が有限なら整数計画問題の実行可能解の数は有限である．他方，線形計画問題の実行可能解は無限であるが，端点のみを調べたらよいので，この

場合も最適解の候補の数は有限個である．両者とも有限個とはいえ，その数は変数の増大とともに飛躍的に増大する．線形計画問題に対しては効率のよい解法が知られているが，整数計画問題はそうではない．この違いがどこにあるのかは後述する計算複雑性の理論などを通して少しずつ解明が進められているが，本書ではその議論に立ち入ることはしない．整数計画問題におけるすべての実行可能解を列挙できたらその中に最適解があるので，計算時間はかかるが最適解を求めることは原理的には可能である．

一般的な整数計画問題に対して，今のところ成功を収めているのは**分枝限定法** (branch and bound method) と呼ばれる方法である．分枝限定法の '分枝' というのは解を列挙するという意味である．この意味で上述の列挙法と同じである．しかし，単純な列挙法では計算時間が飛躍的に増大して間に合わなくなるので，最適解とはなり得ない実行可能解の列挙を抑制するような仕組みを取り入れる必要がある．そのために線形緩和問題を利用する．分枝限定法では，線形緩和問題を繰り返し解きながらそこで得られた情報を利用して最適解を比較的効率よく求める方法である．(4.8) の不等式から 線形緩和問題の最適値は元の整数計画問題の最適値以上であるので，$z_{LP}$ は元の整数計画問題の上界値を与えている．この性質を利用する．

分枝限定法の動作を，ナップザック問題を例に挙げて説明する．まず，線形緩和問題を解き，原問題の上界値 (つまり $z_{LP}$) を求める．そこで，ある変数 $x_j$ に着目して，これを $x_j = 1$ と $x_j = 0$ の場合に固定した二つの部分問題を考え，同じ操作を続ける．これを**分枝操作** (branching operation) という．ある時点で部分問題 $P$ の線形緩和問題の解が整数解なら，$P$ の実行可能解が得られたことになり，$P$ をそれ以上分解することをせずその部分問題からの分枝操作を終端させる．アルゴリズムはこれまでに得られた最もよい実行可能解 (**暫定解**という) とその目的関数値を保持しているものとする．原問題の実行可能解が得られるごとにそれが暫定解を上回る優れた解なら，暫定解を更新する．

また，ある部分問題の線形緩和問題を解いて得られた部分問題の上界値が暫定解の目的関数値を下回るなら，その部分問題の最適解が原問題の最適解とは成り得ないので，その部分問題を終端させる。これを**限定操作** (bounding operation) という。以上が分枝限定法の概要である。

具体的に次のような問題を考えよう。

$$P_0 : \text{Maximize } 16x_1 + 19x_2 + 23x_3 + 28x_4$$
$$\text{subject to } 2x_1 + 3x_2 + 4x_3 + 5x_4 \leq 7$$
$$x_j = 0, 1$$

つまり，重量がそれぞれ 2, 3, 4, 5kg の品物があり，その価値はそれぞれ 16, 19, 23, 28 万円である。これを重量制限 7kg のナップザックに価値最大となるように詰め込みたい (図 4.1 参照)。この問題の整数制約条件を緩和し $0 \leq x_j \leq 1$ として線形計画問題を考えると，最適解は単位重量当たりの価値が大きいものから順に詰め込むことになる。最後に詰め込む量は一般に $x_j = 1$ とならず，1 未満の実数になる。この問題では，変数が単位重量当たりの価値の大きい順に番号付けされている。すると，線形緩和問題の最適解は $(x_1, x_2, x_3, x_4) = (1, 1, 0.5, 0)$ となり，目的関数値は 46.5 である。(4.8) より，46.5 はもとのナップザック問題の最適値の上界を与えている。すると，ここで問題を二つの部分問題に分解する。ここでは，一つの変数 $x_j$ を選び $x_j = 1$ とした問題と $x_j = 0$ とした問題に分割する。$x_j$ として通常，線形緩和問題の最適解において整数でない変数を選択する。しかし，ここでは重量の最も大きい変数から優先的に選ぶことにする。すると，$x_4$ が選ばれ，$x_4 = 0, 1$ に応じて次の二つの部分問題 (子問題) を考える。これを分枝操作という。

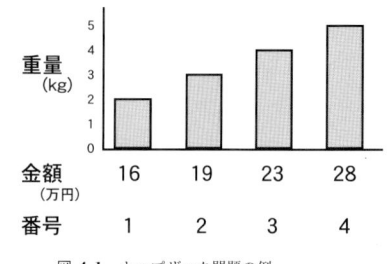

図 4.1 ナップザック問題の例

$$P_1 : \text{Maximize } 16x_1 + 19x_2 + 23x_3 + 28$$
$$\text{subject to } 2x_1 + 3x_2 + 4x_3 \leq 2$$
$$x_j = 0, 1$$

$P_2$ : Maximize $16x_1 + 19x_2 + 23x_3$

subject to $2x_1 + 3x_2 + 4x_3 \leq 7$

$x_j = 0, 1$

$P_1$ の線形緩和問題の最適解は $x = (1, 0, 0, 1)$ で，最適値は 44 である．このとき，線形緩和問題の最適解は整数であるので，$P_1$ の最適解が得られている．この解はもとのナップザック問題 $P_0$ の実行可能解であるので，$P_1$ をさらに部分問題に分けて解く必要はない．また，$P_1$ の最適値 44 は $P$ の下界値を与える．また $P_2$ のほうは，その線形緩和問題の最適解が $x = (1, 1, 0.5, 0)$ であり整数解でないのでさらに分枝操作を続ける．その様子は図 4.2 に示されている．一番上のノードは原問題を表し，枝は分枝操作を表している．二重丸のノードはその部分問題が終端したことを表している．

この例題においてアルゴリズムの実行は図 4.2 の常に左の分枝操作から先に行うものとする．図の右端の状態では次の問題を解いている．

Maximize $16x_1 + 19x_2$

subject to $2x_1 + 3x_2 \leq 7$

$x_j = 0, 1$

このとき得られた解の目的関数値は 35 であるので，すでに得られている実行可能解より悪い．したがって，ここで探索を終了する．この時点ですべて探索が終わり，$x^* = (1, 0, 0, 1)$ を最適解として出力する（最適値 44 万円）．

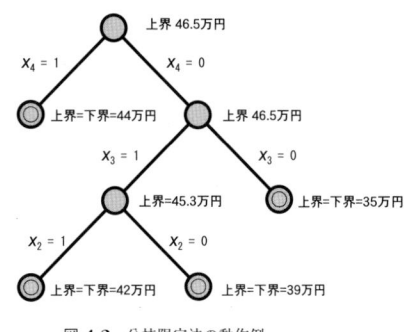

図 4.2 分枝限定法の動作例

## 第2節　アルゴリズムと計算量

　第2章で述べたシンプレックス法は実用的にも非常に効率のよい方法である。しかし最悪の場合，実行可能領域のすべての端点をたどるため非効率となる場合がある。このようなことはまず実際問題では起こらないが，理論上は避けられない。一方，**内点法**はこの弱点を解消し，大規模な問題ではシンプレックス法を上回る性能を有するアルゴリズムである。このように，アルゴリズムによって計算効率は変わってくる。また，第2章の後半で述べたいくつかのネットワーク最適化問題に対しては，その問題の構造を利用した効率のよい解法がある。では，一般的にアルゴリズムの計算性能を評価する基準をどのように設けたらよいのであろうか。また，一般の整数計画問題に対しては線形計画法のような効率的解法は望めそうもない状況である。このような問題自体の本質的な難しさやアルゴリズムの計算効率に関する研究はこの30年間で大きく進展し，いまでも盛んに研究されている。

　これらの研究成果は**計算複雑性** (computational complexity) の理論としてまとめられ，アルゴリズムの教科書には詳しい解説がある ([12, 13])。

　たとえば，最短路問題において，図2.3のように具体的にネットワークが与えられたときに，それを最短路問題の**問題例** (problem instance) という。そのような問題例の集合を総称して**問題**という。問題例の**サイズ**とは，計算機に問題例を入力する際のバイト数（ビット数）のことである。ネットワークの問題は，ネットワークを計算機でどのように表現するかによって（隣接行列を用いるのか，または，隣接リストを用いるのか）サイズが変わってくる。また，たとえば最短路問題などで，枝の重みを何桁の数値で表現するのかによってもサイズが変わってくるが，ここでは無視することにする。したがって，最短路問題における入力サ

イズは点数＋枝数となる。

　問題 $P$ の**アルゴリズム** (algorithm) とは，$P$ のすべての問題例を有限ステップで解く手続きのことである．ここで，1ステップとは，計算機で実行される基本演算（四則演算，比較演算，代入演算）の一回の実行に対応する．問題 $P$ の問題例を，あるアルゴリズムで解く計算時間とは，そのアルゴリズムが要するステップ数と定義する．このように定義することによって，特定の計算機に依存しないで，アルゴリズムどうしの比較が可能になる．

　問題 $P$ と，それを解くアルゴリズム $A$ が与えられたとき，そのアルゴリズムの**時間複雑度** (time complexity) （**時間計算量，実行時間** (running time) ともいう）とは，サイズが $n$ である $P$ の問題例を解くのに要するステップ数のことである．一口に，サイズが $n$ の問題例といってもたくさんあるので，時間複雑度は一つの値に定められない．このため，サイズが $n$ の問題例の中で，最もステップ数を要する場合を考え，それを**最悪時間計算量** (worst-case time complexity) と呼ぶ．そのステップ数を $f(n)$ という $n$ の関数で表す．$f(n)$ は，問題 $P$ を解くアルゴリズム $A$ に依存するので，厳密には $f_A(n)$ と書いたほうがよい．

　いま，問題 $P$ を解く二つのアルゴリズム $A$ と $B$ の，どちらが優れているかは，この二つのアルゴリズムの最悪の場合の時間複雑度 $f_A(n)$ と $f_B(n)$ の大小で決定される．$f_A(n)$ と $f_B(n)$ の大小は，$n$ の値に依存するのであるが，$n$ が十分大きいところで優劣を定めるのがふつうである．このため，関数のオーダーという概念を用いる．これは簡単にいうと，関数の最高次の部分のみに着目し，しかも定数係数を無視して考えようというものである．天下り的に書くと，たとえば，$f_1(n) = 2n^3 + 4n^2$, $f_2(n) = 10n \log n + 50n$, $f_3(n) = 2^n + n^{10}$ のとき，$f_1(n) = O(n^3)$, $f_2(n) = O(n \log n)$, $f_3(n) = O(2^n)$ と表記する．オーダーという観点からすると，$f_2(n)$ が一番小さく，$f_3(n)$ が一番大きい．

　あるアルゴリズム $A$ の時間複雑度 $f_A(n)$ が，$n$ に無関係な定数 $k$ に関して，$f_A(n) = O(n^k)$ であるとき，$A$ の時間複雑度は，**多項式オー**

ダー (polynomial order) であるという．一般に多項式オーダーの時間複雑度を持つアルゴリズム (**多項式時間アルゴリズム**) は，"効率がよい"とされている．他方，$f_A(n)$ が，**指数オーダー** (exponential order) であるとき (たとえば，$f_A(n) = n!$，または $2^n$)，アルゴリズム $A$ は効率が悪いと考えられる．ナップザック問題などの整数計画問題や後述する多くの組合せ最適化問題に対しては，研究者の数十年の努力にもかかわらず，今のところ効率のよいアルゴリズムは知られていない．そのようなタイプの問題は数多くあり，代表的な問題については後述する．このように，多項式時間のアルゴリズムが存在しそうにない問題は **NP 困難** (NP-hard) と呼ばれる．簡単に言うと，実行可能解を総列挙して，そのなかから最適解を求める以外の方法がないような問題のことである．

　現実を振り返ると，実用場面で現れる組合せ最適化問題はほとんどが NP 困難であり，これをどう工学的に解くのかというのが重要である．そのための研究は近年特に盛んである．一つの方向は精度保証付きの近似解を求める研究である．もう一つは，遺伝的アルゴリズム，シミュレーティド・アニーリング，タブー探索法などのメタヒューリスティックスに関する研究である．特に後者については，第 10 章で詳述する．

## 第3節 さまざまな組合せ最適化問題

以下，組合せ最適化問題で代表的な問題をいくつか紹介する．紹介する多くの問題は，**ネットワーク最適化問題**である．グラフ理論に関する必要な用語は，付録Bを参照のこと．組合せ最適化問題に関する平易な解説が久保・松井 [14] にある．組合せ最適化問題に対するアルゴリズムについては，Cormen et al. [12] などを参考にするとよい．

### 3.1 最小木問題

重み付き無向ネットワーク $G = (V, E, c)$ において，重み最小の**全域木**を求める問題である．ここで $c$ は枝の重み $c(e)$ を定める関数である．各都市間をつなぐ光ファイバー網をコスト最小で敷設したい．光ファイバー網で直接つなぐことのできる都市間の敷設コストをその都市間をつなぐ枝の重みと考える．通常は故障に備えて予備回線も敷くのだが，とりあえず各都市間の通信が行えるようにしたい．どのようにつないだらよいかという問題を定式化したものである．

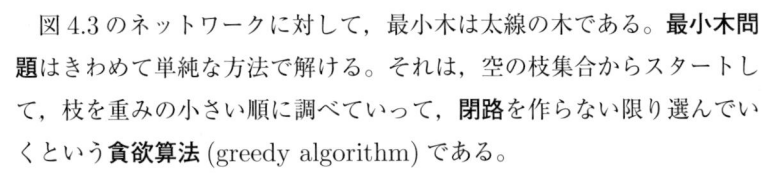

図4.3のネットワークに対して，最小木は太線の木である．**最小木問題**はきわめて単純な方法で解ける．それは，空の枝集合からスタートして，枝を重みの小さい順に調べていって，**閉路**を作らない限り選んでいくという**貪欲算法** (greedy algorithm) である．

図4.3の場合，重みが $2, 3, 4, 5$ の枝が順に選ばれるが，次に重み6の枝を調べると，すでに選ばれた重み $2, 4$ の枝とともに閉路を作るので，この枝は選ばない．重み7の枝も同様に選ばれない．最後に重み8の枝が選ばれてアルゴリズムは終了する．このアルゴリズムの最も時間の要する部分は最初に枝の重みの小さい順に並べる部分と，枝を加えて閉路が作られるかどうかの判定の部分である．

以上のアルゴリズムを素朴に作ると $O(mn)$ 時間でできる ($n, m$ は

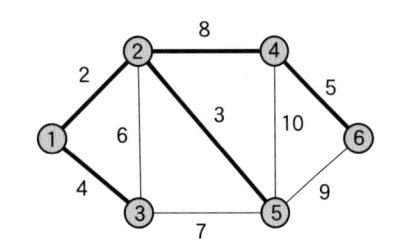

図 4.3 最小木問題とその最適解

それぞれネットワークの点数, 枝数である). まず枝の重みの小さい順に並べ替え (クイックソートなどの高速整列アルゴリズムを用いると $O(m \log m)$ 時間で済む), 次に各点ごとに, その一点のみからなる集合を用意する. その集合の番号を点の番号と一致させておくと便利である. 一般には枝を加えることによって閉路ができるかどうかを調べる必要があるが, これは枝の両端の点が属する集合が同じ集合かどうかを調べたらよい. このために, 各点に対して現在属している集合の番号を記憶させておく. 最小木に属する枝が新しく選ばれるたびに, その両端の点が属している二つの集合を一つの集合に併合する. 併合操作は, 二つの集合のうちの一つの集合番号をもう一つの集合番号に変更することによって実現できる. この操作はすべての点の集合番号を一度は見なくてはいけないので, $O(n)$ 時間を要する. すべての点の集合番号が同じになれば終了である. この操作にかかる計算量が全部で $O(mn)$ 時間となる (計算量の解析の詳細略).

## 3.2 中国郵便配達人問題

**中国郵便配達人問題** (Chinese postman problem) は, 無向または有向ネットワークにおいて, すべての枝を少なくとも一度は通るような最小の長さの**閉路**を求める問題である. ここでは, 閉路の定義は通常より少し広く, 始点以外に同じ点を 2 度通ることや, 同じ枝を 2 度以上通ることを許す. この問題は, 道路網における除雪作業 (道路は除雪車が一方向に 1 度通れば完全に除雪できるくらいの幅とする), 道路沿いに立ち並ぶ家々への郵便配達などへ応用がある. "中国" という名前は, この問題を最初に考えた中国人科学者菅 梅谷 (Mei-Gu Kwan) に由来する. この問題はグラフの一筆書きと関連がある. グラフが一筆書き可能なら枝をちょうど 1 回ずつ通って元に戻る閉路があるのでそれが最適解となる. そのようなグラフは**オイラーグラフ**と呼ばれ (付録 B 参照), しかもそのような一筆書きは簡単に求められる [15]. しかし, 一般のネットワークではいくつかの枝を 2 度以上通る必要がある. 図 4.4(i) の無向

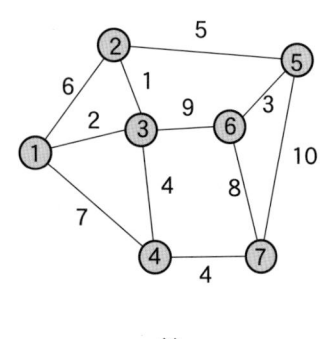

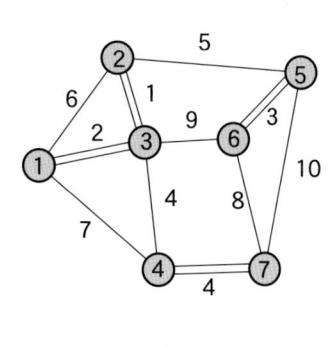

**図 4.4** 中国郵便配達人問題とその最適解

ネットワークに対する最適解は図 4.4(ii) に示されている。2 重線の枝は最適解において 2 回通ることを表している。図 4.4(ii) から最適解は $1 \to 2 \to 3 \to 6 \to 7 \to 4 \to 1 \to 3 \to 2 \to 5 \to 6 \to 5 \to 7 \to 4 \to 3 \to 1$ となる (これ以外にも最適解はある)。

### 3.3 巡回セールスマン問題

**巡回セールスマン問題** (traveling salesman problem) とは, 無向または有向ネットワークにおいて, すべての点をちょうど 1 度ずつ通って元に戻る閉路 (**巡回路**という) の中で最短のものを見つける問題である。この問題は昔から多くの人が取り組んでいるが, いまだ効率のよい解法が発見されていない。NP 困難問題の代表的問題である。とはいえ, 分枝限定法やいくつかの優れた下界値計算法の開発によって, 1 万を超える点数の大規模な問題も解けるようになってきた。前述の中国郵便配達人問題と似ているが, 難しさは大分異なる。単純にすべての巡回路を列挙して, 長さを測り, 最短の巡回路を出力するという方法だと, 20 点でも現在のコンピュータはとても扱える代物ではない。列挙される巡回路の数が爆発的に増加するからである (これを**組合せ爆発**という)。このような列挙法に頼らない近似解法やヒューリスティックスの開発が盛んに行われている (第 10 章参照)。巡回セールスマン問題全般にわたる解説書としては久保・山本 [16], Lawler 等 [17] がある。

### 3.4 ビンパッキング問題

**ビンパッキング問題** (bin-packing problem) とは大きさ 1 のビンが十分な数だけあり, それとビンに詰め込むアイテムの集合 $\{1, 2, \ldots, n\}$ (ただし, その大きさをそれぞれ $\{x_1, x_2, \ldots, x_n\}$ とする) が与えられているとき, 用いるビンの数を最小にしてすべてのアイテムを詰め込む問題である。この問題も NP 困難である。これまでに多くの近似アルゴリズムが開発されている。ビンに 1 から $n$ まで番号を付けて, 大きなサイズのアイテムから順に可能な限り小さい番号のビンに入れるという**貪欲算法**が次のような近似精度を有することが知られている。必要なビンの最小個数を $N^*$, 近似アルゴリズムで得られるビンの個数を $\hat{N}$ とすると,

$\hat{N}/N^* \leq 1.5$ となる．$N^*$ が大きくなるとこの近似比はもっと改善される．

この問題は1次元ビンパッキング問題と呼ばれているが，その一般化として2次元版もある．つまり，十分な数のサイズ $1 \times 1$ の正方形 (これをビンと呼ぶ) とそこに詰め込む矩形の集合が与えられたとき，用いるビンの個数を最小にしてすべての矩形を詰め込みたい，という問題である．建築の分野では，多層階の建物における室配置 (どの階にどの室を配置するかという問題) に適用可能な問題である．

### 3.5 スケジューリング問題

スケジューリング理論で扱う問題は多岐にわたるが，ここでは **1機械スケジューリング問題** に限って紹介しておく．1台の機械で処理すべき $n$ 個の仕事があり，仕事 $i$ の処理時間は $p_i$ である．各仕事 $i$ に対して，その処理に取り掛かることのできる最も早い時刻を $r_i$ とする (つまり時刻 $r_i$ 以前に仕事を始めることができない)．また各仕事 $i$ には，納期 $d_i$ があって，時刻 $d_i$ までに完了しなければならない．この前提の下で，適当な評価関数を最小化する $n$ 個の仕事の処理順序を定めたい．

評価関数として代表的なものをいくつかあげておく．ただし，$C_i$ は仕事 $i$ の完了時刻とする．

- 最終完了時刻 $\max_{1 \leq i \leq n} C_i$
- 総滞留時間 $\sum_{i=1}^{n} C_i$
- 遅れ和 $\sum_{i=1}^{n} \max(0, C_i - d_i)$

建築プロジェクトに現れるスケジューリング問題は，次のような多くの要素が関連する複雑な問題となる．

- プロジェクトは多くの作業単位に分割され，各作業単位は一定の機械，労働力，資源が必要とされる．

- 作業間の先行順序関係がある。
- 一度に投入できる機械，労働力，資源の量が限られている。
- プロジェクトスケジュールの良否の評価方法が複雑である。納期，資金繰り，利潤などいろいろある。
- さまざまなリスクを考慮する必要がある。

スケジューリング問題は，これまで述べてきた組合せ最適化問題よりずっと複雑な問題となる。さまざまなモデル化や解法が研究されている ([18, 19])。

# 第4節　近似解法

　多くの組合せ最適化問題は NP 困難であり，分枝限定法を用いても効率よく解くことができない場合がある。そのような場合，厳密な最適解を求めることをあきらめて，最適解に近い解を求めたほうが現実的である。いま，最小化問題 $P$ を考えているとし，その最適値を $z^*$ とするとき，$\hat{z}/z^* \leq \alpha$ であるような目的関数値 $\hat{z}$ を持つ許容解を $\alpha$-近似解と呼ぶことにする。$\alpha$ が 1 に近いほど精度のよい近似解といえる。ただ，この場合，近似解が効率よく求められなくては意味がない。これまでに多くの組合せ最適化問題に対して効率のよい近似解法が提案されている。たとえば，**巡回セールスマン問題**に対しては古くから 1.5-近似解法が知られている。ここでは簡単のため，2-近似解法を紹介する。いま，ネットワークは連結かつ無向とし，各枝長 $c_{ij}$ に関して次の三角不等式が成り立っているとしよう。

$$c_{ij} \leq c_{ik} + c_{kj} \tag{4.9}$$

平面上の点集合についてはこの仮定は明らかに成り立つ。また，一般の無向ネットワークにおいて，$c_{ij}$ を $i, j$ 間の最短距離としても成り立つので，この仮定は自然である。ネットワークの連結性の仮定と (4.9) の仮定より，ネットワークの任意の 2 点 $i, j$ に対して，$c_{ij}$ は有限である。というのは，連結性の仮定から $i$ と $j$ を結ぶ道があり，また (4.9) の三角不等式を繰り返し適用すると，$c_{ij}$ はその道の長さ以下となるからである。よって，任意の 2 点 $i, j$ 間に枝があると考えてよい。近似解法は次のように記述される。

> ネットワークが連結であるとは，ネットワークの任意の 2 点間に道があることである。詳細は付録 B 参照。

巡回セールスマン問題の近似アルゴリズム

入力： 無向ネットワーク $G = (V, E, c)$；
出力： $G$ の各点を訪れる閉路；
**begin**
 $G$ の最小木 $T$ を求める。
 $G$ の各点を $T$ に沿ってちょうど 2 回ずつ訪れるような閉路を求める。
 それを $P = v_1, v_2, \ldots, v_{2n}, v_1$ とする
 各 $i(2 \leq i \leq 2n)$ に対して，$v_i$ が 2 度めに訪れた頂点なら，
 $v_i$ を除く（スキップする）。
 このようにして作られた閉路を $P'$ とし，$P'$ を出力する。
**end**

最終的に得られた巡回路は，三角不等式の性質から，明らかに最小木の長さの 2 倍以下である。また，巡回セールスマン問題の最適解の閉路から一つの枝を除くと木が得られるが，この長さは最小木の定義から最小木の長さ以上である。以上から，このアルゴリズムによって得られた巡回路は，巡回セールスマン問題の最適解の長さの 2 倍以下の解を出力する。図 4.5 にこの近似アルゴリズムの動作例がある。

このような精度保証付きの近似解法とは異なるアプローチによって，難しいとされている組合せ最適化問題を効率よく解こうという試みが近年盛んに研究されており，実用的な観点から成功を収めている。遺伝的アルゴリズム，タブー探索法，シミュレーティッド・アニーリングなどがその代表的な手法である。これについては第 10 章で詳しく解説する。

最後に，ソフトウェアについて言及しておく。組合せ最適化問題は，問題に特化した優れたソフトウェアが研究者たちによって開発されていて，インターネットを通してダウンロード可能なものも多い。たとえば，松井知己氏（東大）のホームページ [20] には最適化ソフトウェアへの豊富なリンク集がある。

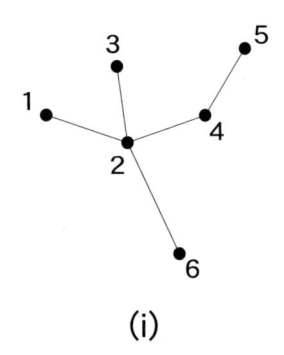

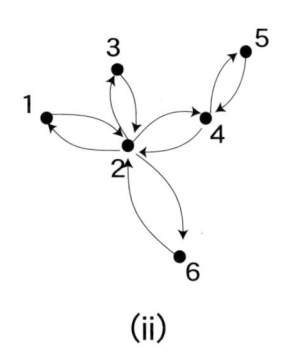

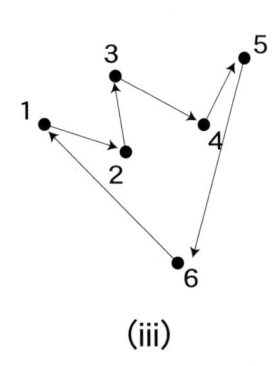

図 4.5 巡回セールスマン問題の 2-近似解法の動作例

Chapter 5
Facility Location

---

# 5章　施設配置

# 第1節　施設配置問題の分類

われわれが生活をしている町，村，地域にはさまざまなサービス施設がある．思いつくまま書いてみると，小・中学校，郵便局，消防署，警察，役所，銀行，スーパーマーケット，ゴミ処理場，病院，駅など，本当に多数ある．利用者にとって利用したい施設が近くにあるのは便利である．利用者全体に対して総合的に見て，最も優れた施設の配置場所を決定するのが**最適施設配置問題**である．

施設配置問題は，モデルを構成する要素によって次のように分類される．

1. **施設の配置可能地点**

   平面上，空間上の任意の地点に施設を配置できる 連続型と，施設の配置可能な場所は，あらかじめ与えられた有限個の地点に限定される離散型とに分類される．

2. **施設の数**

   あらかじめ定められた数に固定される場合と，任意の数でよい場合の2通りがある．後者の場合，施設を立地したときに一定の費用(固定費用という)がかかると仮定する場合が多い．

3. **評価尺度**

   - **min-sum 基準**
     最も近い施設への距離の合計を最小化する．後述の $p$-メディアン問題の評価関数である．
   - **min-max 基準**
     利用者の最寄りの施設までの距離の最大値を最小化する．後述の $p$-センター問題の評価関数である．
   - **max-sum 基準**

最も近い施設への距離の合計を最大化する。原子力発電所やゴミ処理施設などのなるべく遠くあってほしい施設（**迷惑施設**）の立地問題に適用される。

- max-min 基準

  施設に最も近い利用者への距離を最大化する。これも迷惑施設の立地に適用される。

4. 施設の必須性

   消防署，警察など地域の住民が必ず必要とする施設の場合と，レストラン，酒屋など，必ずしも必要でない場合に分かれる。

5. 他の施設との競合

   スーパーマーケット，コンビニエンスストアなど他店と競争のある施設と，警察，図書館などの公共施設のように同種のサービスを提供する施設との競合がない場合とに分かれる。

6. 施設の容量制約

   施設の規模に上限があり，一定量以上のサービスを提供できない場合がある。

7. 施設間の相互作用

   施設の間の利用者の移動を考慮する必要がある場合がある。4節で詳しく述べる。

以下，施設配置問題の代表的モデルをいくつか紹介する。

## 第2節　$p$-メディアン問題と $p$-センター問題

必須施設で競争関係がなく，施設の容量制約，施設間の相互作用も考慮する必要のない単純な施設配置問題において，min-sum 基準および min-max 基準のもとでの施設配置問題は，それぞれ $p$-メディアン問題 ($p$-median problem) と $p$-センター問題 ($p$-center problem) と呼ばれる．ここで $p$ は配置したい施設数である．

ある地域 ($R$ と表記する) に点在する住民の集合を $S$ とし，$R$ に $p$ 個の施設 $X_p = \{x_1, x_2, \ldots, x_p\}$ を配置する問題を考える．$x_i$ は $i$ 番目の施設の位置を表す記号で，たとえば，$R$ が平面を表すときは，$x_i$ は施設の位置ベクトルを表す．$R$ 内の2点 $x, y$ の間の**距離**を $d(x,y)(\geq 0)$ と表す．$d(x,y)$ は次の条件を満たすものとする．

- $d(x,y) = d(y,x)$
- $d(x,x) = 0$
- $d(x,y) \leq d(x,z) + d(z,y), \quad x,y,z \in R$

最後の不等式は距離に関する三角不等式という．$R$ がユークリッド平面のときは以上の条件が満たされるのは明らかであろう．$R$ が**無向ネットワーク**の場合，$d(x,y)$ を $x$ と $y$ の間の**最短距離**と考えるとよい．

施設は $R$ 内の $n$ 点 $V = \{v_1, v_2, \ldots, v_n\}$ で与えられる利用者にサービスを提供する．$V$ の各点は**需要点**と呼ばれ，$v_i$ の**需要量** (受けるサービスの量) を $w_i$ と記す．ここで，$w_i \geq 0$ である．

$v \in R$ と，$R$ 内に配置する $p$ 個の施設の配置場所 $X_p \subset R$ に対して，$d(v, X_p)$ を $v$ から集合 $X_p$ への最小距離を表すものとする．つまり，

$$d(v, X_p) = \min_{x_i \in X_p} d(v, x_i)$$

である．$X_p$ が与えられたとき，配置場所の良さを評価する尺度として

min-sum と min-max の二つの評価尺度を考える．

$$f(X_p) = \sum_{i=1}^{n} w_i d(v_i, X_p) \tag{5.1}$$

$$g(X_p) = \max_{1 \leq i \leq n} w_i d(v_i, X_p) \tag{5.2}$$

$f(X_p)$ を最小にする配置 $X_p$ を $p$-**メディアン** ($p$-median), $g(X_p)$ を最小にする配置 $X_p$ を $p$-**センター** ($p$-center) という．$p$-メディアンおよび $p$-センターを求める問題を，それぞれ **$p$-メディアン問題**と **$p$-センター問題**という．

$p$-メディアン問題は，施設利用者は最も近い施設を利用するという前提で，各利用者から施設までの移動距離の総和を最小にする施設配置場所を求める問題である．$w_i$ は需要点 $i$ が施設を利用する頻度と考えたらよい．言い換えると，利用者にサービスを供給する平均コストを最小化する配置場所を求める問題である．

$p$-センター問題は，施設までの距離が最も遠い利用者の移動距離を最小にする施設配置問題である．消防署，警察，救急病院など緊急時に利用する施設の配置を考える場合，$p$-センター問題は自然なモデルである．

まず，$p = 1$ で $R$ が直線の場合を考えよう（1本の長い道路沿いに点在する利用者を想定している）．また，すべての $i$ に対して $w_i = 1$ とする．$p = 1$ なので配置する施設は一つであり，$X_p = \{x_1\}$ である．たとえば，図 5.1 の場合，$f(x_1)$ の値が $x_1$ の位置によってどう変わるかを図示したのが図 5.2 である．グラフからも明らかなように，$f(x_1)$ を最小にする配置場所は5点の真中の利用者の位置である．これは需要点がいくつでも成り立つ事実である（需要点の数が偶数の場合，真中の2点の間だったらどれも最適な場所となる）．つまり，最適配置場所は需要点のメディアンである．

一方，$g(x_1)$ を最小化する配置場所は，明らかに図 5.1 の 5 点の両端の 2 点の中点である．つまり，需要点のセンターである．$p$-メディアン，$p$-センターという用語はこの事実に由来する．

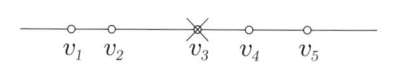

図 5.1 直線上の 1-メディアン問題とその最適解

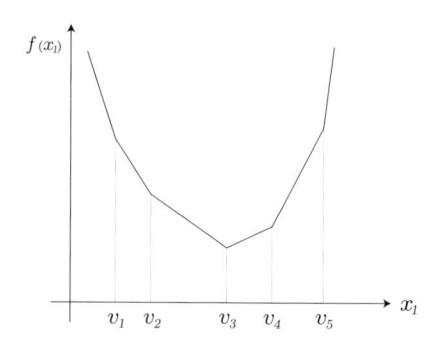

図 5.2 施設の候補位置の変化に伴う目的関数の変化

メディアンは中央値とも呼ばれる．$n$ 個の実数のメディアンとは，$n$ が奇数なら $(n+1)/2$ 番目に小さい数であり，$n$ が偶数なら $n/2 - 1$ 番目に小さい数と $n/2$ 番目に小さい数の両者である．

## 2.1 平面上の場合

$R$ がユークリッド平面の場合の $p$-メディアン問題は，**ウェーバー問題** (Weber problem) とも呼ばれる．この問題は非線形計画問題としてモデル化できるが，目的関数が非凸であるので，$p=1$ の場合でも，最適解を求めるのは難しい．これまでにさまざまな数値解法が提案されている．一般の $p$ に対する $p$-メディアン問題は，NP 困難である．

$R$ がユークリッド平面の場合の $p$-センター問題も，一般の $p$ に対してNP 困難であるが，$p=1$ の場合には，多項式時間アルゴリズムがある．$p=1$ で，すべての $i$ に対して $w_i = 1$ の場合，需要点をすべて含む最小包含円を求める問題に帰着され (図 5.3 参照)，$O(n)$ 時間アルゴリズムが開発されている．

以上の問題では，平面上の 2 点 $x = (x_1, x_2)$, $y = (y_1, y_2)$ の距離を直線距離 (**ユークリッド距離**)

$$\sqrt{(x_1-x_2)^2 + (y_1-y_2)^2}$$

で測定することを想定していたが，碁盤目上の道路網では $L_1$ 距離 (**マンハッタン距離**)

$$|x_1 - x_2| + |y_1 - y_2|$$

で測るほうが適切である．この場合もユークリッド距離と同様，一般の $p$ では $p$-メディアン問題，$p$-センター問題とも NP 困難である．

## 2.2 ネットワーク上の場合

重み付き無向グラフ $G = (V, E, c)$ が与えられていて，需要点はグラフの頂点集合 $V = \{v_1, v_2, \ldots, v_n\}$ である．グラフの辺の数を $m$ とする．グラフ上の 2 点 $x, y$ の間の距離 $d(x, y)$ は 2 点の最短路長とする．施設は頂点だけでなく辺上にも配置できるものとする．このとき，次の事実が知られている．

1. $p$-**メディアン**問題の最適解ですべての施設の配置場所がグラフの頂

---

現在 $p$ に関して指数オーダーのアルゴリズムしか知られていない．$p$ を 2 とか 3 などの定数と考えると，多項式時間で $p$-メディアン問題は解けることが知られている．

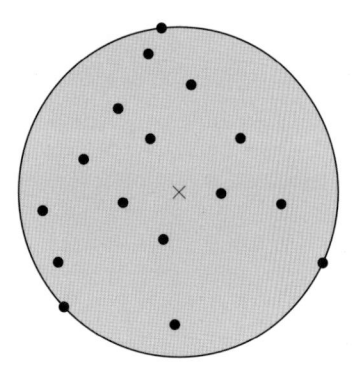

図 5.3 平面上の 1-センター問題．最小包含円の中心が最適解

点であるような解が存在する。

2. この事実から，$p$-メディアン問題を解くには，頂点集合だけを考えたらよい．$n$ 頂点から $p$ 個の点の選び方は $\binom{n}{p}$ 通りあるので，これが候補解の集合となる．しかし，これを全部列挙して調べることができるのは $n$ か $p$ が十分小さい場合に限られる．しかし，平面上の場合と同様，一般の $p$ に対しては，このような解候補を列挙する方法に頼る以外はなく，$p$ の増大とともに計算時間が指数的に増大するアルゴリズムしか知られていない．

3. $p$-センター問題の最適解における一つの施設の配置場所 $x$ に着目し，それが辺 $e$ 上にあるとしよう．このとき，$x$ を利用する需要点（グラフの頂点）$u, v$ で，$x$ から $u$ への最短路と $x$ から $v$ への最短路の長さは等しいものがある．

4. この事実から，各辺上の施設の候補位置は高々 $n^2$ 個である．グラフの辺の数は $m$ であるので，$p$-センター問題の最適解となる施設の候補位置は高々 $n^2 m$ 個である．

5. 以上から，最大で $\binom{n^2 m}{p}$ 通りの候補解を列挙することによって $p$-センター問題が解ける．$p$-メディアン問題と同様，これを全部列挙して調べるのことができるのは $n$ か $p$ が十分小さい場合に限られるが，平面上の場合と同様，このような解候補を列挙する方法に頼る以外はなく，一般の $p$ に対しては $p$ の増大とともに計算時間が指数的に増大するアルゴリズムしか知られていない．

$p$-メディアン問題，$p$-センター問題とも NP 困難なので，近似解法の研究が近年盛んに行われている．

次に簡単な例題を示す．図 5.4 のネットワークにおける 2-メディアンは図中の $x_1, x_2$ である．頂点に付されている数字は $w_i$ を表し，辺に付されている数字は辺の長さを表している．

図 5.5 のネットワークにおける 1-センターは図中の × 印の点である．頂点に付されている数字は $w_i$ を表し，辺に付されている数字は辺の長

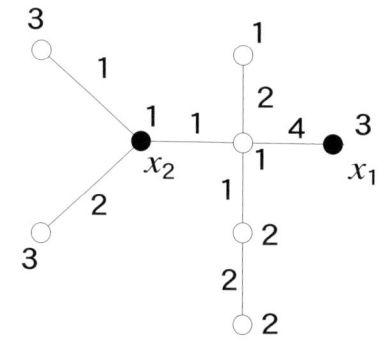

図 **5.4** ネットワーク上の 2-メディアン問題の例とその最適解

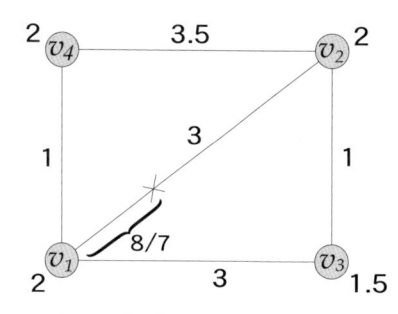

図 **5.5** ネットワーク上の 1-センター問題とその最適解

さを表している．最適解は次のような方法で求める．1-センターの解が辺 $(v_1, v_2)$ 上にあると仮定して 1-センターの位置 ($v_1$ から距離 $x_1$ の位置にあるとする) を $v_1$ から $v_2$ に向かって移動させたとき，各点 $v_i$ に対する $w_i d(v_i, x_1)$ をプロットしたのが図 5.6 のグラフである．たとえば，$w_4 d(v_4, x_1)$ は，$x_1$ が $v_1$ に近いときは，$v_4$ 経由で $x_1$ に行くほうが距離が短いが，$x_1 > 2.75$ となると，$v_2$ 経由で $x_1$ に行くほうが近くなる．したがって，$w_4 d(v_4, x_1)$ は図のような山形になる．他の $v_i$ に対しても同様にして $w_i d(v_i, x_1)$ のグラフを求めることができる．したがって，1-センター問題の目的関数である $w_i d(v_i, x_1)$ の最大値は，$x_1$ の各値に対して図 5.6 の太線のようになる．最適な $x_1$ は $w_i d(v_i, x_1)$ の最大値を最も小さくするところであるので，最適解として $x_1 = 8/7$ が得られる．他の辺についても同様の操作を行うことにより，上記の解が 1-センター問題の最適解であることが確認できる．

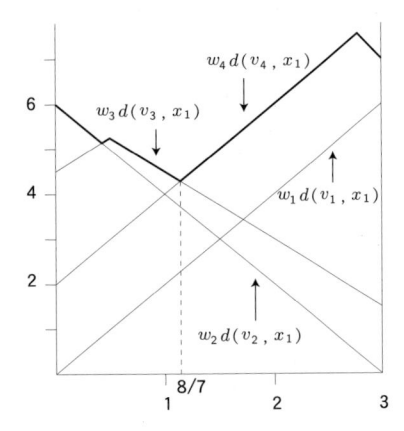

図 5.6　1-メディアンの候補位置が辺 $(v_1, v_2)$ を移動したときの目的関数の変化

## 第3節　ボロノイ図

平面上の最適施設配置問題を解く際に有用な道具としてボロノイ図がある。**ボロノイ図** (Voronoi diagram) とは，利用者は最寄りの施設を利用するという前提で，各施設の利用圏からなる幾何図形のことである。図 5.7 にはボロノイ図の例がある。点が施設を表し，それを取り囲む凸多角形領域がその点の利用圏を表している。

ボロノイ図は一般的に平面上の点集合 $\{p_1, p_2, \ldots, p_n\}$ が与えられたとき，平面を次式で定まる各点 $p_i$ の利用圏 $V(p_i)$ (それを**ボロノイ領域** (Voronoi region) という) によって平面を分割したものである。

$$V(p_i) = \{p \mid d(p_i, p) \leq d(p_j, p),\ j \neq i\} \quad (5.3)$$

この式は領域 $V(p_i)$ 内の点 $p$ からは他のどの点 $p_j$ よりも $p_i$ が最も近い，ということを表している。ボロノイ領域 $V(p_i)$ に対して，それを生成する点 $p_i$ を $V(p_i)$ の**母点** (generating point) という。$V(p_i)$ の境界辺を**ボロノイ辺** (Voronoi edge)，その端点を**ボロノイ頂点** (Voronoi vertex) という。

ボロノイ図には次の性質がある。

1. ボロノイ辺はその両側のボロノイ領域の二つの母点の垂直二等分線の一部である。
2. $\{p_1, p_2, \ldots, p_n\}$ のどの 4 点も同一円周上にない限り，ボロノイ頂点の次数 (ボロノイ頂点を端点とするボロノイ辺の本数) は 3 である。また，ボロノイ頂点は，そこに集る三つのボロノイ領域の母点を頂点とする三角形の外接円の中心である。

いま，ある大きな長方形領域にすでに施設が配置されているものとし，施設から最も遠い利用者がどの場所なのかという問いには，ボロノイ図

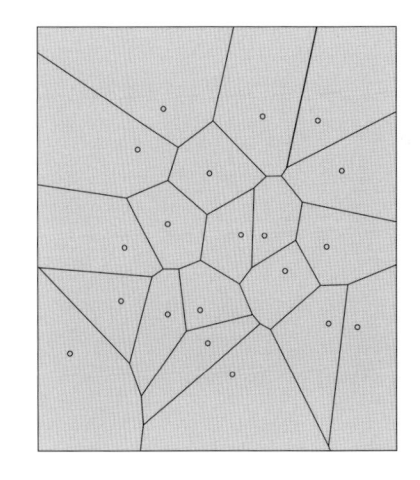

図 5.7　ボロノイ図

があると直ちに答えられる。そのような場所はボロノイ頂点，ボロノイ辺と長方形領域との交点，長方形領域の四隅のいずれかである。このような点は施設から最も遠い点なので，将来新たに施設を作る際の候補地点となる。

　ボロノイ図は，現在の施設配置場所の妥当性を検証するのにも用いられる [21]。ボロノイ図を計算する $O(n \log n)$ 時間の高速アルゴリズムが知られている [21–26]。ボロノイ図の施設配置問題への応用は，[21, 25] に詳述されている。

## 第4節　2次割当問題

$S$ を $n$ 個の施設の集合，$T$ を $n$ 個の施設の配置可能な場所の集合を表すものとする。施設に 1 から $n$ まで番号を付し，配置可能な場所も同様に 1 から $n$ まで番号を付しておく。つまり，$S = \{1, 2, \ldots, n\}$，$T = \{1, 2, \ldots, n\}$ とする。このとき，どの施設をどの場所に配置すればよいかという最適化問題を考える。各施設は $T$ のいずれかの場所に配置されるものとし，当然ではあるが，一つの場所に二つ以上の施設が配置されることはないものとする。最適化の基準となるのは，施設間の移動距離である。1 日当たりに建物 $i$ と $j$ の間を往来する人数 $a_{ij}$ と，場所 $i$ と $j$ の距離 $b_{ij}$ が与えられているものとする。このとき，**2次割当問題** (quadratic assignment problem) とは，利用者全体の 1 日当たりの総移動距離が最小になるように施設の配置場所を決定する問題である。

この問題を定式化すると以下のようになる。施設 $i$ を配置する場所を $\pi(i)$ と表す。ここで $\pi$ は $S$ から $T$ への対応関係を表している。つまり，$S$ の各要素 $i$ は $T$ の中のちょうど一つの要素 $\pi(i)$ に対応し，その関係は一対一対応である ($T$ の要素 $j$ に対し，$\pi(i) = \pi(i') = j$ となる要素はない)。$\mathcal{S}_n$ をそのような $S$ から $T$ への一対一対応 $\pi$ の全体を表すものとする。

$$\text{minimize} \quad \sum_{i=1}^{n} \sum_{j=1}^{n} a_{\pi(i)\pi(j)} b_{ij} \tag{5.4}$$

$$\text{subject to} \quad \pi \in \mathcal{S}_n \tag{5.5}$$

施設を建物と置き換えると，キャンパス計画などの最適施設配置問題と見ることができる。キャンパス計画への応用は Dickey and Hopkins [27] によってはじめて紹介された。病院内の室配置への応用は Elshafei [28] にある。

2次計画問題は 0-1 変数を用いると次のような **0-1 整数計画問題**として定式化される。

$$\text{Minimize} \sum_{i=1}^{n}\sum_{j=1}^{n}\sum_{k=1}^{n}\sum_{l=1}^{n} a_{ij}b_{kl}x_{ik}x_{jl} \tag{5.6}$$

$$\text{subject to} \sum_{i=1}^{n} x_{ij} = 1, \ (j=1,\ldots,n) \tag{5.7}$$

$$\sum_{j=1}^{n} x_{ij} = 1, \ i=1,\ldots,n \tag{5.8}$$

$$x_{ij} = 0, 1, \ (i=1,\ldots,n; j=1,\ldots,n) \tag{5.9}$$

(5.7),(5.8) 式は，(5.4) における $\pi$ が $\mathcal{S}_n$ の要素であるという条件 ($\pi$ が $S$ から $T$ への一対一対応であるという条件) を $0-1$ 変数を使って表したものである。$x_{ij}$ は，施設 $i$ を場所 $j$ に配置するとき 1 であり，それ以外のときは 0 である。制約式 (5.7) は一つの建物はちょうど一つの場所に配置されるという条件を表し，制約式 (5.8) は，一つの場所にちょうど一つの建物が配置されるという条件を表している (つまり第 2 章で取り上げた割当問題と同じ制約である)。目的関数に 0-1 変数の積が現れているので 2 次割当問題という名前が付けられている。

2 次割当問題は名うての難しい問題で，$n \geq 30$ で厳密な最適解を求めるのは現在のところ不可能である。2 次割当問題に関する詳しい解説は Çela [29] にある。

**Chapter 6**
Design Sensitivity Analysis

# 6장 설계감도해석

# 第 1 節　設計感度解析の概要

構造物の剛性分布や形状などの**設計変数** (design variable) を変化させると，外力が作用したときの応答量や，固有振動数などの特性量は変化する．設計変数に関する応答量や特性量の変化率を**設計感度係数** (design sensitivity coefficient) といい，設計感度係数を求めることを**設計感度解析** (design sensitivity analysis) という [9, 30]．

構造設計や，第 7 章で詳しく紹介する構造最適化における設計感度解析の役割を，図 6.1 に示すような 7 部材平面トラスを用いて考えてみる．ここで，括弧内の数字は支点および節点の番号，括弧のない数字は部材番号である．本章では簡単のため，トラスや骨組などの離散系構造物を対象とし，シェル構造物や平板などの連続体構造物については考えない．また，読者は構造力学の基礎についての十分な知識をもっているものと想定する．知識が不十分であれば，文献 [31] などの教科書を参照すること．

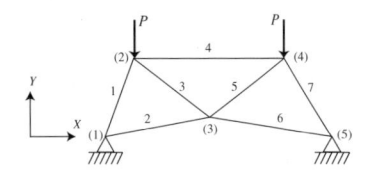

図 6.1　ピン支持された 7 部材平面トラス

構造設計の過程を簡略化して，支点位置，支持条件，節点位置，部材配置，部材断面積の順に定められるものとすると，部材配置の決定までの過程を**形状設計** (shape design)，断面積を定める過程を**剛性設計** (stiffness design) という．

**静的荷重** (static load) に対する応答変位を求める静的解析問題を考え，たとえば図 6.1 に示すような載荷条件が指定されているものとする．節点 $i$ の $X, Y$ 方向の変位を $u_i, v_i$ とすると，トラスの変形状態は，節点の**変位ベクトル** (displacement vector) $\bm{U} = (u_2, v_2, u_3, v_3, u_4, v_4)^\top$ で定められる．

変位ベクトル $\bm{U}$ は，節点座標や部材断面積等の**設計変数**の値によって変化するから，それらの関数と考えられる．そこで，$\bm{U}$ などの応答量の，設計変数に関する変化率を**設計感度係数**という．特に，節点座標

に関する変化率を**形状感度係数** (shape sensitivity coefficient) といい，形状感度係数を求める過程を**形状感度解析** (shape sensitivity analysis) という。部材断面積と部材剛性の関係は，節点位置と部材剛性の関係よりも単純であり，設計感度解析は形状感度解析より簡単である。

図 6.1 に示す平面トラスにおいて，部材断面積を仮定して，設計荷重 $P$ に対する変位を求めたとき，たとえば節点 3 の $Y$ 軸方向変位 $v_3$ の絶対値が設計基準で定められた上限値を超えていたとする。節点位置に変更の余地がなければ，いずれかの部材の断面積を増加させる必要があるのは明らかであるが，七つの部材のうち，どの部材の断面積をどれだけ増加させるのが最も効率的かを判断する必要がある。そのような場合に，実際にそれぞれの部材の断面積を変更して再び解析を行うのではなく，設計感度係数によって応答量を線形予測できれば計算コストを節約することができる。

次章で示すように，より積極的に**最適設計** (optimum design) を行うことによって，最も効率のよい断面積を求める際にも設計感度係数は必要である。また，たとえば $v_3$ が指定値に一致するように断面積を逆に決定する**逆問題** (inverse problem)[32] を解く際にも設計感度解析を行う必要がある。さらに，実際に構造物を建設するとき，施工時に形状や断面性能に誤差があった場合，それらが応答量にどれだけ影響を及ぼすかを知っていると，生産過程での誤差管理の重要性を検討することもできる。以上のように，設計感度解析は，最適設計以外の多くの分野でも有効に利用される。

## 第2節　静的応答量の設計感度解析

### 2.1 直接微分法

設計感度解析法の最も単純な例として，弾性トラスの静的応答量の設計感度解析の手法を紹介する。第 $i$ 部材の断面積を $A_i$，部材長を $L_i$ とする。平面トラスを考え，図 6.2 に示すように，全体系座標 $(X, Y)$，部材座標 $(x, y)$，節点番号，変位番号，部材の材軸と $X$ 軸のなす角度 $\theta$ を定める。第 $i$ 部材の節点変位ベクトル $\boldsymbol{u}_i$ と節点力ベクトル $\boldsymbol{f}_i$ を系座標へ変換する座標変換行列 $\boldsymbol{T}_i$ は

$$\boldsymbol{T}_i = \begin{bmatrix} \cos\theta & -\sin\theta & 0 & 0 \\ \sin\theta & \cos\theta & 0 & 0 \\ 0 & 0 & \cos\theta & -\sin\theta \\ 0 & 0 & \sin\theta & \cos\theta \end{bmatrix} \tag{6.1}$$

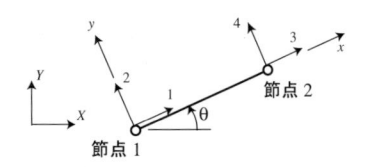

図 6.2　平面トラス部材の局所座標と節点番号

となる。ベクトル $\boldsymbol{B}$ を

$$\boldsymbol{B} = (1, 0, -1, 0)^\top \tag{6.2}$$

で定義すると，部材座標に関する部材の**剛性行列** (stiffness matrix) $\boldsymbol{k}_i$ は次式で与えられる。

$$\boldsymbol{k}_i = \frac{A_i E}{L_i} \boldsymbol{B} \boldsymbol{B}^\top \tag{6.3}$$

ここで，$E$ は**弾性係数** (elastic modulus) である。

式 (6.1) および式 (6.3) から，全体系座標に関する第 $i$ 部材の剛性行列は

$$\boldsymbol{K}_i = \frac{A_i E}{L_i} \boldsymbol{T}_i^\top \boldsymbol{B} \boldsymbol{B}^\top \boldsymbol{T}_i \tag{6.4}$$

のように書ける。たとえば図 6.1 のような 7 部材平面トラスを想定すると，七つのそれぞれの部材に対する $\boldsymbol{K}_i$ の成分を，節点 2, 3, 4 それぞれ

2成分で合計六つの変位成分に対応する位置に配置して重ね合わせることにより，$6\times 6$ の系剛性行列 $K(A)$ が得られる．以下では，列ベクトルを { } で表すものとし，$A=\{A_i\}$ などの記号を適宜用いる．

部材の自重を考慮すると，外力ベクトル $P(A)$ も設計変数ベクトル $A$ の関数となる．以上より，変位ベクトル $U(A)$ は，次の**剛性方程式**を解いて求められる．

$$K(A)U(A) = P(A) \tag{6.5}$$

以下では簡単のため引数 $A$ は省略する．

式 (6.5) の両辺を $A_i$ で微分すると次式を得る．

$$\frac{\partial K}{\partial A_i}U + K\frac{\partial U}{\partial A_i} = \frac{\partial P}{\partial A_i} \tag{6.6}$$

ここで，簡単のため $R$ を

$$R = \frac{\partial P}{\partial A_i} - \frac{\partial K}{\partial A_i}U \tag{6.7}$$

のように定義すると，次式を解いて $U$ の $A_i$ に関する設計感度係数が得られる．

$$K\frac{\partial U}{\partial A_i} = R \tag{6.8}$$

ところで，式 (6.4) の両辺を $A_i$ で微分すると，

$$\frac{\partial K_i}{\partial A_i} = \frac{E}{L_i}T_i^\top B B^\top T_i \tag{6.9}$$

が得られる．したがって，トラスでは $K_i$ を重ね合わせて得られる $K$ の $A_i$ に関する微分係数は単純な代数計算で求められ，さらに，自重は断面積の陽 (explicit) な線形関数であるから，式 (6.5) を解いて $U$ が得られた段階で，$R$ は容易に計算できる．また，式 (6.5) を解くときに，$K$ は三角分解（LDL 分解）されるため，式 (6.8) の計算は単なる代入操作であり，実際に $A_i$ を変更して式 (6.5) を再構成し，$U$ を計算する過程と比べて計算量はきわめて少ない．

いま，$U(A)$ および $A$ を用いて表すことができる部材の応力，ひずみ，軸力や節点変位の感度係数が必要であるものとし，これらの応答量を代表して，$F(U(A), A)$ のように定める。さらに，$U(A)$ が $A$ の関数であることを考慮して，

$$F^*(A) = F(U(A), A) \tag{6.10}$$

のように評価関数 $F^*(A)$ を定義する。

式 (6.10) の両辺を $A_i$ で微分すると次式を得る。

$$\frac{\partial F^*}{\partial A_i} = \frac{\partial F}{\partial A_i} + \sum_{j=1}^{n} \frac{\partial F}{\partial U_j} \frac{\partial U_j}{\partial A_i}, \quad (i = 1, 2, \ldots, m) \tag{6.11}$$

ここで，$m, n$ はそれぞれ設計変数の数（部材数）および変位の自由度である。$F$ は $U$ および $A$ の陽な関数だから，変位の設計感度係数 $\partial U_j / \partial A_i$ が得られていると，それを式 (6.11) に代入して $F^*$ の感度係数を求めることができる。このような手法を**直接微分法** (direct differentiation method) という。ところで，式 (6.11) の代数計算の計算量が無視できるものとすると，直接微分法の計算量は式 (6.8) を解くための計算量で定まる。前述のように，式 (6.8) の解は単なる代入計算で得られるが，その計算量は設計変数の数に比例するため，感度係数を求めるべき評価関数 $F^*(A)$ の数に比べて設計変数が多いときには，直接微分法は有効ではない。

簡単な例として，図 6.3 に示すような軸力を受ける 2 部材構造物を考える。この構造物は支点と節点で剛接合されているが，軸力のみ受けるため，支配式はトラスと同じである。二つの部材の長さを $L$ とすると，式 (6.5) は

$$\frac{E}{L} \begin{bmatrix} A_1 + A_2 & -A_2 \\ -A_2 & A_2 \end{bmatrix} \begin{Bmatrix} U_1 \\ U_2 \end{Bmatrix} = \begin{Bmatrix} P_1 \\ P_2 \end{Bmatrix} \tag{6.12}$$

のようになり，

$$U_1 = \frac{(P_1 + P_2)L}{A_1 E}, \quad U_2 = \frac{(P_1 + P_2)L}{A_1 E} + \frac{P_2 L}{A_2 E} \tag{6.13a,b}$$

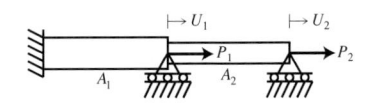

図 6.3 軸力を受ける 2 部材構造物

を得る。

$P_1, P_2$ が $A_1$ に依存しないものとすると，$A_1$ を設計変数としたときの式 (6.6) は次のようになる。

$$\frac{E}{L}\begin{bmatrix} 1 & 0 \\ 0 & 0 \end{bmatrix}\begin{Bmatrix} U_1 \\ U_2 \end{Bmatrix} + \frac{E}{L}\begin{bmatrix} A_1+A_2 & -A_2 \\ -A_2 & A_2 \end{bmatrix}\begin{Bmatrix} \frac{\partial U_1}{\partial A_1} \\ \frac{\partial U_2}{\partial A_1} \end{Bmatrix} = \begin{Bmatrix} 0 \\ 0 \end{Bmatrix} \quad (6.14)$$

式 (6.13a,b) を用いて式 (6.14) を解くと，次式を得る。

$$\frac{\partial U_1}{\partial A_1} = \frac{\partial U_2}{\partial A_1} = -\frac{(P_1+P_2)L}{(A_1)^2 E} \quad (6.15)$$

この結果は，式 (6.13a,b) の $U_1, U_2$ を直接 $A_1$ で微分した結果と一致する。

## 2.2 随伴変数法

**随伴変数法** (adjoint variable method) では，**随伴変数** (adjoint variable) を用い，変位の感度係数を求めずに，評価関数の感度係数を直接求める。

評価関数 $F^*(\boldsymbol{A}) = F(\boldsymbol{U}(\boldsymbol{A}), \boldsymbol{A})$ の感度係数を求めるとき，随伴変数ベクトル $\bar{\boldsymbol{U}}$ を次式で定義する。

$$\boldsymbol{K}\bar{\boldsymbol{U}} = \frac{\partial F}{\partial \boldsymbol{U}} \quad (6.16)$$

ここで，

$$\frac{\partial F}{\partial \boldsymbol{U}} = \left(\frac{\partial F}{\partial U_1}, \frac{\partial F}{\partial U_2}, \cdots, \frac{\partial F}{\partial U_n}\right)^\top \quad (6.17)$$

である。

式 (6.8) の両辺に左から $\bar{\boldsymbol{U}}^\top$ を乗じると次式を得る。

$$\bar{\boldsymbol{U}}^\top \boldsymbol{K} \frac{\partial \boldsymbol{U}}{\partial A_i} = \bar{\boldsymbol{U}}^\top \boldsymbol{R} \quad (6.18)$$

さらに，式 (6.16) の両辺に左から $\left\{\dfrac{\partial \bm{U}}{\partial A_i}\right\}^\top$ を乗じると，

$$\left\{\dfrac{\partial \bm{U}}{\partial A_i}\right\}^\top \bm{K}\bar{\bm{U}} = \left\{\dfrac{\partial \bm{U}}{\partial A_i}\right\}^\top \dfrac{\partial F}{\partial \bm{U}} \tag{6.19}$$

が成立するため，式 (6.18), (6.19) および $\bm{K}$ の対称性より

$$\left\{\dfrac{\partial \bm{U}}{\partial A_i}\right\}^\top \dfrac{\partial F}{\partial \bm{U}} = \bar{\bm{U}}^\top \bm{R} \tag{6.20}$$

を得る。

式 (6.11), (6.20) より，

$$\dfrac{\partial F^*}{\partial A_i} = \dfrac{\partial F}{\partial A_i} + \bar{\bm{U}}^\top \bm{R} \tag{6.21}$$

が導かれ，式 (6.16) を解いて $\bar{\bm{U}}$ が得られていると，式 (6.21) を用いて，単なる代入計算により評価関数の感度係数が得られる。ここで，$\partial F/\partial A_i$ は，評価関数の中で $A_i$ が陽に現れる項の偏微分であり，通常は簡単な代数演算で求められる。評価関数が，変位，応力あるいはひずみの場合には，それらは変位ベクトル $\bm{U}$ で表されるから，この項は 0 である。

最も単純な例として，$F = U_k$ の場合，すなわち評価関数が第 $k$ 変位成分の場合を考える。この場合には，$\partial F/\partial \bm{U}$ は第 $k$ 成分のみ 1 で他は 0 であるベクトルだから，式 (6.16) より，$\bar{\bm{U}}$ は第 $k$ 変位成分に**単位仮想荷重** (unit virtual load)[31] が作用したときの変位であることがわかる。この変位ベクトルを $\bar{\bm{U}}^k$ とし，$F = U_k$ の定義に $\bm{A}$ が直接現れないことを用いると，式 (6.7),(6.21) および $F^* = F = U_k$ より次式を得る。

$$\dfrac{\partial U_k}{\partial A_i} = \bar{\bm{U}}^{k\top}\left(\dfrac{\partial \bm{P}}{\partial A_i} - \dfrac{\partial \bm{K}}{\partial A_i}\bm{U}\right) \tag{6.22}$$

したがって，単位仮想荷重に対する変位が得られていると，変位成分の感度係数は，式 (6.22) 右辺の代数演算を実行して求められる。

随伴変数法での計算量のほとんどは，式 (6.16) での随伴変数ベクトルの計算が占めるため，計算量は評価関数の数にほぼ比例し，設計変数の

数にはほとんど関係しない．したがって，この手法は，設計変数が多く，感度係数を求めるべき評価関数が少ないときに有効である．

平面トラスを考え，第 $i$ 部材のひずみを $\varepsilon_i$ とし，図 6.2 のように変位番号を与えた場合には，節点変位ベクトル $\bm{u}_i$ と $\varepsilon_i$ の関係は次式で表される．

$$\varepsilon_i = \frac{1}{L_i} \bm{B}^\top \bm{u}_i \tag{6.23}$$

部材座標に関する部材剛性行列 $\bm{k}_i$ は式 (6.3) で定められるから，

$$\frac{\partial \bm{k}_i}{\partial A_i} = \frac{E}{L_i} \bm{B}\bm{B}^\top \tag{6.24}$$

である．

いま，荷重ベクトル $\bm{P}$ が $A_i$ に依存しないとき，式 (6.22) は

$$\begin{aligned}
\frac{\partial U_k}{\partial A_i} &= -\bar{\bm{U}}^{k\top} \frac{\partial \bm{K}}{\partial A_i} \bm{U} \\
&= -\bar{\bm{u}}_i^{k\top} \frac{\partial \bm{k}_i}{\partial A_i} \bm{u}_i \\
&= -\frac{E}{L_i} \bar{\bm{u}}_i^{k\top} \bm{B}\bm{B}^\top \bm{u}_i
\end{aligned} \tag{6.25}$$

のように書ける．ここで，$\bar{\bm{u}}_i^k$ は，$\bar{\bm{U}}^{(k)}$ に対応する部材の節点変位ベクトルである．

さらに，第 $i$ 部材の軸力を $N_i$，変位ベクトル $\bar{\bm{U}}^k$ に対応する軸力およびひずみを $\bar{N}_i^k$，$\bar{\varepsilon}_i^k$ とすると，式 (6.25) は次のように書き換えられる．

$$\begin{aligned}
\frac{\partial U_k}{\partial A_i} &= -EL_i \bar{\varepsilon}_i^k \varepsilon_i \\
&= -\frac{L_i}{(A_i)^2 E} \bar{N}_i^k N_i
\end{aligned} \tag{6.26}$$

以上より，節点変位の設計感度係数は，その変位成分に対応する単位仮想荷重が作用したときの軸力 $\bar{N}_i^k$ と，実際に作用している軸力 $N_i$ から容易に求めることができる．

図 6.3 に示す 2 部材構造物の変位 $U_2$ の設計感度係数を，随伴変数法を用いて求めてみる。式 (6.16) は次のようになる。

$$\frac{E}{L}\begin{bmatrix} A_1 + A_2 & -A_2 \\ -A_2 & A_2 \end{bmatrix}\bar{U} = \begin{Bmatrix} 0 \\ 1 \end{Bmatrix} \qquad (6.27)$$

これを解いて，

$$\bar{U} = \begin{Bmatrix} \dfrac{L}{A_1 E} \\ \left(\dfrac{1}{A_1} + \dfrac{1}{A_2}\right)\dfrac{L}{E} \end{Bmatrix} \qquad (6.28)$$

を得る。さらに，式 (6.7),(6.13a,b) より，

$$\boldsymbol{R} = \begin{Bmatrix} -\dfrac{EU_1}{L} \\ 0 \end{Bmatrix} \qquad (6.29)$$

だから，式 (6.13a,b),(6.21),(6.29) より，

$$\frac{\partial U_2}{\partial A_1} = -\frac{U_1}{A_1} = -\frac{(P_1 + P_2)L}{(A_1)^2 E} \qquad (6.30)$$

を得る。この結果は，式 (6.15) と一致している。

## 第3節　固有振動数の設計感度解析

**固有振動数** (natural frequency) は，構造物の動的剛性の指標として重要であり，建築構造物では，地震動の卓越振動数との関係からも適切に設定しなければならない力学的特性量である。したがって，固有振動数の設計感度係数は，構造設計の段階で有効に用いられる。

**質量行列** (mass matrix) は，構造物の自重，積載荷重等から決定され，設計変数である部材断面積などの関数である。全体系座標に関する質量行列を $M(A)$ とすると，**自由振動** (free vibration) の**固有値問題** (eigenvalue problem) は次のように定義できる [33]。

$$K\Phi_r = \Omega_r M\Phi_r \tag{6.31}$$

ここで，$\Omega_r$ は $r$ 次**固有値** (eigenvalue) であり，**固有円振動数** (natural circular frequency) の 2 乗である。また，$\Phi_r$ は $r$ 次**固有モード** (eigenmode) であり，これらは $A$ の関数である。以下では，簡単のため引数 $A$ は省略する。

$\Phi_r$ は次式で正規化される。

$$\Phi_r^\top M\Phi_r = 1 \tag{6.32}$$

式 (6.31) の両辺を設計変数 $A_i$ で微分すると次式を得る。

$$\frac{\partial K}{\partial A_i}\Phi_r + K\frac{\partial \Phi_r}{\partial A_i} = \frac{\partial \Omega_r}{\partial A_i}M\Phi_r + \Omega_r\frac{\partial M}{\partial A_i}\Phi_r + \Omega_r M\frac{\partial \Phi_r}{\partial A_i} \tag{6.33}$$

式 (6.33) の両辺に左から $\Phi_r^\top$ を乗じ，式 (6.31), (6.32) および $M, K$ の対称性を用いると，

$$\frac{\partial \Omega_r}{\partial A_i} = \Phi_r^\top \left(\frac{\partial K}{\partial A_i} - \Omega_r \frac{\partial M}{\partial A_i}\right)\Phi_r \tag{6.34}$$

を得る．固有モードが得られていると，式 (6.34) の右辺は単純な代数演算であり，固有値の感度係数を求めるために固有モードの感度係数は必要ないことがわかる．

さらに，式 (6.32) の両辺を $A_i$ で微分すると次式が成立する．

$$\Phi_r^\top \frac{\partial M}{\partial A_i} \Phi_r + 2\Phi_r^\top M \frac{\partial \Phi_r}{\partial A_i} = 0 \tag{6.35}$$

式 (6.33), (6.35) をまとめると，

$$\begin{bmatrix} K - \Omega_r M & M\Phi_r \\ \Phi_r^\top M & 0 \end{bmatrix} \begin{Bmatrix} \frac{\partial \Phi_r}{\partial A_i} \\ \frac{\partial \Omega_r}{\partial A_i} \end{Bmatrix} = \begin{Bmatrix} \left( \Omega_r \frac{\partial M}{\partial A_i} - \frac{\partial K}{\partial A_i} \right) \Phi_r \\ -\frac{1}{2} \Phi_r^\top \frac{\partial M}{\partial A_i} \Phi_r \end{Bmatrix} \tag{6.36}$$

となる．以上より，固有モードの感度係数が必要なときには，式 (6.36) を解いて，固有値と固有モードの感度係数を同時に求めることができる．

## 第4節　トラスの形状感度解析

　これまでは，節点位置を固定して，部材断面積を変化させたときの設計感度解析の手法を紹介した．本節では，部材断面積を固定して，節点位置を変化させる**形状感度解析**について述べる．

　簡単のため図 6.2 に示したような平面トラス部材を考えると，全体系座標に関する部材剛性行列 $\boldsymbol{K}_i$ は式 (6.4) で与えられる．したがって，$\boldsymbol{K}_i$ の形状感度係数を求めるためには，$L_i, \sin\theta, \cos\theta$ の感度係数が必要となる．

　全体系座標での節点 1,2 の座標を $(X_1, Y_1), (X_2, Y_2)$ とすると，

$$L_i = \sqrt{(X_2 - X_1)^2 + (Y_2 - Y_1)^2} \tag{6.37}$$

$$\cos\theta = \frac{X_2 - X_1}{L_i}, \quad \sin\theta = \frac{Y_2 - Y_1}{L_i} \tag{6.38a,b}$$

である．ここで，$\cos\theta, \sin\theta$ は，部材軸のそれぞれ $X, Y$ 軸に関する**方向余弦** (direction cosine) であり，ベクトル $(\cos\theta, \sin\theta)^\top$ は，節点 1 から 2 へ向かう**単位ベクトル** (unit vector) である．

　式 (6.37) を

$$(L_i)^2 = (X_2 - X_1)^2 + (Y_2 - Y_1)^2 \tag{6.39}$$

のように変形し，両辺を $X_1, X_2$ で微分して変形すると，

$$\begin{aligned} \frac{\partial L_i}{\partial X_1} &= -\frac{1}{L_i}(X_2 - X_1) \\ \frac{\partial L_i}{\partial X_2} &= \frac{1}{L_i}(X_2 - X_1) \end{aligned} \tag{6.40a,b}$$

を得る．したがって，式 (6.38a,b) を用いると，

$$\frac{\partial L_i}{\partial X_1} = -\cos\theta, \quad \frac{\partial L_i}{\partial X_2} = \cos\theta \tag{6.41a,b}$$

である．次に，式 (6.38a,b) を

$$L_i \cos\theta = X_2 - X_1, \quad L_i \sin\theta = Y_2 - Y_1 \qquad (6.42\text{a,b})$$

のように変形し，式 (6.42a) の両辺を $X_1$, $X_2$ で微分すると，

$$\begin{aligned}\frac{\partial \cos\theta}{\partial X_1} &= \frac{1}{L_i}\left(-1 - \cos\theta\frac{\partial L_i}{\partial X_1}\right) \\ \frac{\partial \cos\theta}{\partial X_2} &= \frac{1}{L_i}\left(1 - \cos\theta\frac{\partial L_i}{\partial X_2}\right)\end{aligned} \qquad (6.43\text{a,b})$$

が得られる．式 (6.41a,b) を用いてさらに変形することもできる．

$Y_1, Y_2$ に関する形状感度係数も同様にして導くことができる．以上より，平面トラスの場合には，部材長と部材の方向ベクトルの形状感度係数は容易に求められる．式 (6.4) を $X_1, X_2, Y_1, Y_2$ で微分した式にそれらを代入すれば，$K_i$ の感度係数を求めることができる．

部材剛性行列の感度係数が得られると，直接微分法を用いるならば，式 (6.8) から変位の感度係数が得られる．平面トラスでは，このように比較的単純な形式で形状感度係数が求められるが，トラス以外の骨組構造物や，有限要素法で離散化された連続体構造物については，形状感度解析の式はきわめて煩雑となる．その場合には，剛性行列の感度係数を求める段階では差分法を用いる**半解析的手法** (semi-analytical method) が有効である．いま，部材 $i$ の節点 1 の $X$ 座標に関する感度係数を求めるものとし，部材剛性行列を $K_i(X_1)$ のように表す．このとき，$X_1$ を実際に微小量 $\Delta X_1$ だけ増加させて，式 (6.1) および式 (6.4) を用いて $K_i(X_1 + \Delta X_1)$ を計算することができ，部材剛性行列の感度係数は次式で近似できる．

式 (6.44) は前進差分法であり，差分法には，この他に中央差分法と後退差分法がある．

$$\frac{\partial K_i}{\partial X_1} \simeq \frac{1}{\Delta X_1}[K_i(X_1 + \Delta X_1) - K_i(X_1)] \qquad (6.44)$$

部材剛性行列の感度係数が得られると，式 (6.7) から $R$ を計算でき，変位の感度係数は，通常の方法を用いて計算できる．

**Chapter 7**
Structural Optimization

# 7章　構造最適化

## 第1節　構造最適化の概要

　建築構造物を設計する際には，デザイナー（アーキテクト）によって形態の概要が決定され，構造設計者（エンジニア）は，その詳細を設計するというのが一般的な流れかもしれない。しかし，建築構造物の中で，たとえばシェル構造物や立体トラスなどの大スパン構造物では，力の流れを無視した形態は成立せず，現在の技術をもって実現可能であっても，自然の要求に逆らった構造形態は，決して美しいとはいえないであろう。したがって，大スパン構造の設計では，デザイナーと構造設計者の協調が重要となる。

　構造上最も合理的な剛性分布や形態を求める試みとしては，航空機の設計などの分野で，古くから**最適設計** (optimum design) や**形状最適化** (shape optimization) の研究が進められ，実用化されている。一方，建築の分野では，単品生産やアーキテクト重視の社会的状況から，構造最適化はその研究が進展しているにも関わらず受け入れられにくかった。しかし，最近ではコスト削減や性能設計につながる社会的要求から，実用化への模索が進められている。構造最適化については多くの文献が存在するが，ここでは数例を挙げるにとどめる [10, 30, 34, 35]。

　**構造最適化問題** (structural optimization problem) とは，数理工学の分野での**最適化問題**を構造設計の分野に適用した問題であり，一般に次のように書ける。

$$\text{Minimize} \quad \text{目的関数}$$
$$\text{subject to} \quad \text{力学的制約条件}$$

　目的関数には全構造質量（あるいは重量，体積）を考えることが多い。構造質量を減少させることがコスト削減につながる場合には問題ないが，構造質量がコストと直接関係ない場合にも，最適化を行うことによって，

すべての制約条件を満たす許容な設計解（**満足解**あるいは**許容解**）が得られることが重要である。また，構造質量最小化という考えが受け入れにくい人も，

$$\text{Maximize} \quad 力学的性能$$
$$\text{subject to} \quad コストに関する制約$$

ならば受け入れやすいかもしれない。以上のように，構造最適化問題には種々の定式化が存在し，それらを「最小重量設計問題」，「最大剛性設計問題」，「変位最小化問題」などと呼ぶのはきわめて煩雑であり，それらを包含した問題としての「最適化問題」を，一般の用語ではなくて数理工学の専門用語として理解していただきたい。

現在一般に行われている**順解析**に基づく設計法では，まず設計変数(パラメータ)を仮定し，応答評価を行う。そこで，設計条件(制約条件)が満たされていなければ設計変更を行い，再び解析を行う。この方法では，設計変更の際に「勘」と「経験」が重視され，変更のための規準が明確でない。また，制約条件を満たす満足解が得られれば終了することが多く，より良い設計解を得る努力は通常なされない。

それに対し，構造最適化を行うと，変位や応力などの制約条件の下で与えられた目的関数を最小化するような設計変数が自動的に効率よく求められる。したがって，最適化アルゴリズムを利用することにより，構造設計者がより創造的な設計活動を行うためのゆとりが生まれる。さらに，施工上の理由により最適設計解をそのまま利用できない場合にも，最適解は望ましい解の傾向を示すものであり，最適化アルゴリズムを一つの意思決定ツールと捉えることもできる。

構造最適化問題に対する解法には，**遺伝的アルゴリズム**，**整数計画法**など，微分係数（感度係数）を必要としない最適化手法も存在し，問題によってはそれらの手法が有効な場合もある。しかし，ここでは非線形計画問題として定式化される問題を考え，構造解析と設計感度解析を繰返して最適解を求めるアルゴリズムを想定する。その場合，最適化アルゴリズム，構造解析および感度解析の関係は図7.1のようになる。こ

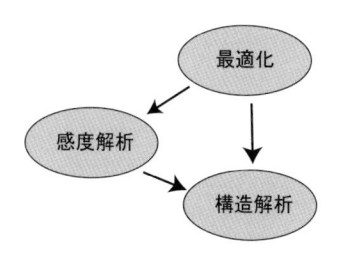

**図7.1** 最適化・感度解析・構造解析の関係

こで，矢印は，データを必要とする方向あるいは呼び出す方向を示している。すなわち，非線形計画法を用いて最適化を行うときには，目的関数と制約関数の設計変数に関する微分係数を求めるために設計感度解析を行う。また，ラインサーチなどの段階では設計感度係数は必要ないので，構造解析のみが行われる。さらに，第6章で示したように，感度解析のためには構造解析を行う必要がある。

構造最適化の分類には種々の方法が存在するが，トラスなどの離散系構造物を対象とすると，設計条件に基づく古典的な分類は，図7.2に示したとおりである。「最適設計」とは，「剛性最適化」の意味で用いら

```
構造最適化              ┌── 最適設計
(structural optimization)│    （剛性最適化）
                        │    (optimum design,
                        │    sizing optimization)
                        │
                        └── 形状最適化 ┬── 節点位置最適化
                            (shape optimization, │    (geometry optimization,
                            layout optimization) │    configuration optimization)
                                                │
                                                └── トポロジー最適化
                                                    (topology optimization)
```

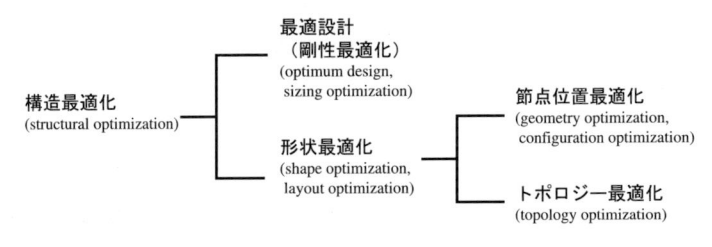

図 7.2 構造最適化の設計条件による分類

れ，たとえばトラスの部材断面積が設計変数となる。断面積が変化すると当然断面形状も変化するが，トラスの力学的特性には断面サイズのみが影響し，断面形状は無関係であるから，このような問題は形状を最適化する問題とはいえない。

一方，トラスや骨組の形状は，節点の位置とそれらを接続する部材の配置で決定され，接続関係はトポロジーともいわれる。したがって，**形状最適化** (shape optimization) は，**節点位置最適化** (geometry optimization) と**トポロジー最適化** (topology optimization) に分けられる。トポロジー最適化は第8章で詳しく説明し，節点位置最適化の例は第9章で紹介する。

## 第2節　最適設計問題と最適性条件

トラスの部材断面積などの**設計変数**を代表するベクトルを $\boldsymbol{A} = \{A_i\}$ とする。また，静的載荷時の変位などの**状態変数**のベクトルを $\boldsymbol{U} = \{U_i\}$ とする。建築構造物の構造設計では，変位と応力の許容範囲が与えられ，これらの制限は一般的に不等式制約条件として

$$H_j(\boldsymbol{U}(\boldsymbol{A}), \boldsymbol{A}) \leq 0, \quad (k=1,2,\ldots,N^I) \tag{7.1}$$

のような形式で与えられる。ここで，$N^I$ は制約条件数である。

建築構造物の部材の断面積には，製作上の理由により**上限値** (upper bound) が存在し，それを $A_i^U$ とする。さらに，次章で紹介するトポロジー最適化を考えないと，最適設計問題では部材の除去は行われないから，$A_i$ には**下限値** (lower bound) が与えられ，それを $A_i^L$ とする。最小化すべき**目的関数**は，全部材質量などを想定し，$\boldsymbol{A}$ の関数として $C(\boldsymbol{A})$ のように与えられるものとすると，最適設計問題は一般に次のように定式化される。

$$\text{Minimize} \quad C(\boldsymbol{A}) \tag{7.2}$$

$$\text{subject to} \quad H_j(\boldsymbol{U}(\boldsymbol{A}), \boldsymbol{A}) \leq 0, \quad (j=1,2,\ldots,N^I) \tag{7.3}$$

$$A_i^L \leq A_i \leq A_i^U, \quad (i=1,2,\ldots,m) \tag{7.4}$$

ここで，$m$ は部材数である。制約条件式 (7.4) は**側面制約条件** (side constraint) といわれ，最適化アルゴリズムにおいて変数の変更量の制約として容易に導入できるため，通常は不等式制約条件とは別に取り扱われる。

$H_j^*(\boldsymbol{A}) = H_j(\boldsymbol{U}(\boldsymbol{A}), \boldsymbol{A})$ として，**ラグランジアン**を次式で定義する。

$$\Pi(\boldsymbol{A}, \boldsymbol{\mu}) = C(\boldsymbol{A}) + \sum_{j=1}^{N^I} \mu_j H_j^*(\boldsymbol{A}) \tag{7.5}$$

実際に式 (7.6) を導くためには，側面制約条件式 (7.4) も含めたラグランジアンを用いなければならない．詳細は専門書を参照すること．

ここで，$\boldsymbol{\mu} = \{\mu_j\}$ は**ラグランジュ乗数**ベクトルである．第 3 章で示した**最適性必要条件**から次式を導くことができる．

$$\begin{cases} A_i = A_i^L & \text{のとき} \quad \dfrac{\partial \Pi}{\partial A_i} \geq 0 \\ A_i^L < A_i < A_i^U & \text{のとき} \quad \dfrac{\partial \Pi}{\partial A_i} = 0 \\ A_i = A_i^U & \text{のとき} \quad \dfrac{\partial \Pi}{\partial A_i} \leq 0 \end{cases} \quad (7.6)$$

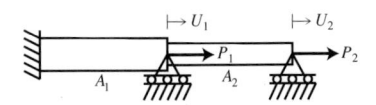

図 7.3 軸力を受ける 2 部材構造物

再び図 7.3 に示すような軸力を受ける 2 部材構造物を考えてみる．荷重 $P_1, P_2$ と変位 $U_1, U_2$ を図 7.3 のように定め，第 $i$ 部材の応力を $\sigma_i$ とし，応力と変位の上限値をそれぞれ $\bar{\sigma}, \bar{U}$ とする．$P_1$ および $P_2$ が正のとき，明らかに $U_1 < U_2$ だから，変位については $U_2$ に対する制約のみを考えると，制約条件式は次のように書ける．

$$\sigma_1 = \frac{P_1 + P_2}{A_1} \leq \bar{\sigma} \quad (7.7)$$

$$\sigma_2 = \frac{P_2}{A_2} \leq \bar{\sigma} \quad (7.8)$$

$$U_2 = \frac{(P_1 + P_2)L}{A_1 E} + \frac{P_2 L}{A_2 E} \leq \bar{U} \quad (7.9)$$

ここで，$E$ は弾性係数，$L$ は二つの部材で同一の部材長である．

目的関数を

$$C(\boldsymbol{A}) = \alpha_1 A_1 + \alpha_2 A_2 \quad (7.10)$$

のように与える．ここで，$\alpha_1, \alpha_2$ は $A_1, A_2$ に対する**重み係数** (weighting coefficient) であり，**コスト係数** (cost coefficient) ともいわれる．部材体積を最小化するときには $\alpha_1 = \alpha_2 = L$ である．部材の材料が一様のときには体積最小化と重量最小化は同じであり，部材重量を最小化することを**最小重量設計** (minimum weight design) という．

図 7.4 は，2 部材構造物の**設計変数空間** (design variable space) での**許容領域**と最適設計解を模式的に表したものである．図 7.4 において $A_1$ 軸あるいは $A_2$ 軸に平行な直線は，それぞれ $\sigma_2, \sigma_1$ に関する制約が等号

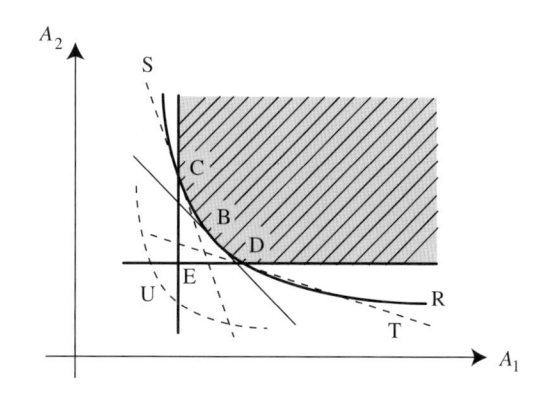

図 7.4　2 部材トラスの許容領域と最適設計解

で満たされる直線である。また，$\bar{U}$ が十分に小さいときには $U_2 = \bar{U}$ が満たされる曲線は R のようになり，許容領域は図 7.4 の斜線の領域となる。

　$\alpha_1 = \alpha_2 = 1$ のときには，目的関数値が一定の直線の傾きは $-1$ であり，点 B が最適設計解となる。この場合には，変位制約のみが等号で満たされている。$\alpha_1$ が $\alpha_2$ に比べて大きいときには $C(\boldsymbol{A})$ 一定の直線は図 7.4 の直線 S のようになり，点 C が最適設計解である。すなわち，変位の制約と部材 1 の応力の制約が等号で満たされる解が，最適設計解となる。また，$\alpha_2$ が $\alpha_1$ と比べて大きいときには，点 D が最適設計解となる。さらに，$\bar{U}$ が十分に大きいときには $U_2 = \bar{U}$ が満たされる曲線は点線で表した曲線 U のようになり，応力制約だけが等号で満たされる点 E が最適設計解となる。

　このように，最適設計解は，制約条件を定める応答量の上・下限値や，設計変数に乗じられるコスト係数に大きく依存する。この例では制約条件が式 (7.7)〜(7.9) に示すように設計変数の陽な関数として表されるが，より複雑な構造物ではこのような表現を導くことができないから，**設計感度解析法**と**非線形計画法**を用いて最適設計解を得ることになる。

## 第 3 節　応力制約

建築構造物の構造設計の基礎をなしている**許容応力度設計法** (allowable stress design) の観点からは，静的載荷時の応力が許容範囲内にあるような設計解を求めることは重要である。通常は変位の制約条件も満たされなければならないが，ここでは簡単のため**応力制約条件** (stress constraint) だけを考えてみる。

構造物を設計する際には，自重，積載荷重などの長期荷重や，地震荷重，風荷重などの短期荷重の数種類の設計荷重を考える必要があり，さらに，長期荷重と短期荷重では応力の上限値は異なっている。$N^P$ 組の設計荷重を考え，第 $k$ 荷重に関する量を上添字 $k$ で表す。第 $i$ 部材の部材長を $L_i$ とし，第 $k$ 荷重に対する第 $i$ 部材の応力 $\sigma_i^k$ の上・下限値を $\sigma^{kU}, \sigma^{kL}$ とすると，応力制約条件下でトラスの全部材体積を最小化する最適設計問題は次のようになる。

$$\text{Minimize} \quad \sum_{i=1}^{m} A_i L_i \tag{7.11}$$

$$\text{subject to} \quad \sigma^{kL} \leq \sigma_i^k \leq \sigma^{kU}$$
$$(i = 1, 2, \ldots, m;\ k = 1, 2, \ldots, N^P) \tag{7.12}$$

$$A_i^L \leq A_i \leq A_i^U \quad (i = 1, 2, \ldots, m) \tag{7.13}$$

図 7.5 に示すような 10 部材トラスを対象とし，応力制約条件の下で最適設計解を求めた。ここで，括弧のない数字は部材番号であり，括弧内の数字は節点および支点番号である。また，部材 3,4 および 8,9 はいずれも互いに接合されていない。載荷条件としては，$(P_1, P_2) = (0.0, 50.0\text{ kN})$ の単一載荷条件を考える。また，応力の上・下限値は $\pm 50.0$ MPa，断面積の下限値（最小断面積制限値）$A_i^L$ は全部材に対して $1.0\text{ cm}^2$ である。また，断面積の上限値は与えていない。

> 接点過重が 1 つという意味ではなく，過重の組（ベクトル）が一つという意味である。

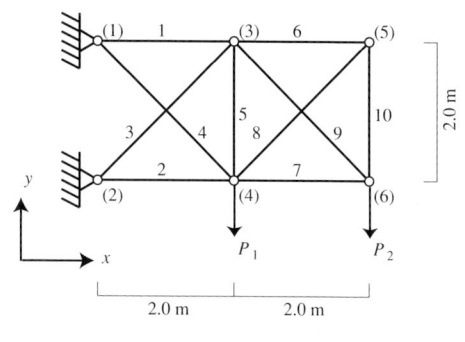

図 7.5 10 部材トラス

設計感度解析のプログラムを作成し，最適化パッケージ DOT Ver. 5.0 [36] を用いて最適設計解を求めた．ここで，最適化アルゴリズムには，**改訂許容方向法** (method of modified feasible direction) を用いた．得られた最適部材断面積を図 7.6 に示す．図 7.6 は，部材幅が部材断面積に比例するように描かれている．最適解での目的関数値（最適目的関数値）は $1.6511 \times 10^{-2}$ m$^3$ である．部材 4,5,6,8,10 において $A_i = A_i^L$ が満たされており，図 7.6 からわかるように，それらの部材を除去して不安定な節点 4 を接合すれば，最適トラスは**静定** (statically determinate) となる．また，$A_i > A_i^L$ となっている部材では，応力は上限値あるいは下限値に一致している．

次に，$(P_1, P_2) = (0, 50.0 \text{ kN}), (50.0 \text{ kN}, 0)$ の 2 種類の載荷条件に対する応力制約を同時に考慮して最適設計解を求めた．応力の上・下限値は単一載荷条件の場合と同じである．最適部材断面積を図 7.7 に示す．ここで，最適目的関数値は $1.7932 \times 10^{-2}$ m$^3$ であり，単一載荷の場合より大きい値となっている．荷重の作用していない節点 5 に接続する部材 6,8,10 は除去可能であるが，部材 3,4,5 の断面積はともに下限値より大きい値である．したがって，複数の載荷条件を考えると，最小断面積制限値で定まる部材を仮に除去しても，最適設計解は**不静定** (statically indeterminate) となることがわかる．

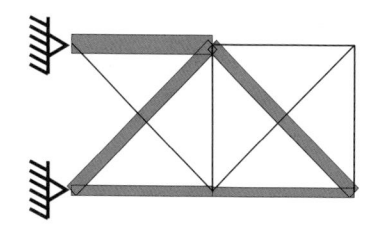

図 7.6 単一載荷条件の場合の最適解

荷重が同時に作用するのではなく，各荷重ベクトルに対する応力制約条件を，すべての部材で満たさなければならない．

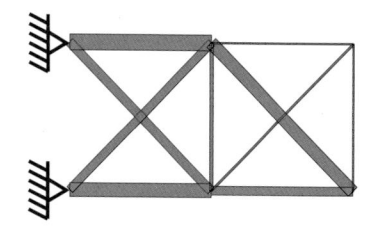

図 7.7 複数載荷条件の場合の最適解

ところで，実務設計においては必ずしも目的関数を最小化するような最適設計解を求める必要はなく，単にすべての制約条件を満たす満足解あるいは**許容設計解** (feasible design) が得られればよい場合もある。変位に関する制約条件を考慮しないときには，$A_i^L < A_i < A_i^U$ となっている部材で，いずれかの載荷条件に対する応力が上限値あるいは下限値（圧縮応力の制限値）に一致していれば，その部材の断面積を少しでも減少させれば応力制約条件が満たされなくなるものと予想されるため，最適に近い解が得られていると考えてよい。このような設計解を**全応力設計解** (fully stressed design) という。

簡単のため，単一載荷条件を考え，$\sigma^{1L} = -\sigma^{1U}$ とすると，全応力設計解は，次のような繰返し計算で求めることができる。

$$A_i^{(k+1)} = A_i^{(k)} \left( \frac{|\sigma_i|}{\sigma_i^{1U}} \right)^r, \quad (r \geq 1) \tag{7.14}$$

ここで，$A_i^{(k)}$ は第 $k$ ステップでの $A_i$ の値であり，$A_i < A_i^L$ あるいは $A_i > A_i^U$ となった場合には $A_i$ をそれぞれ $A_i^L, A_i^U$ で置き換える。また，$r$ は収束性を調節するためのパラメータであり，通常は 2 以下である。

設計変更の式 (7.14) では，一つの部材の軸力に対する他の部材の断面積変更の影響が少ないものと仮定している。たとえば静定トラスでは，軸力は釣合い条件のみで定まり断面積に依存しないから，応力は断面積に反比例する。したがって，$r = 1$ として式 (7.14) の設計変更を一度だけ実行すれば，応力の絶対値を $\sigma^{1U}$ に一致させることができ，全応力設計解が得られる。

> 複数載荷条件の場合には，全応力設計解が必ずしも応力制約条件下での最適設計解とはならないことが示されている。

## 第4節　最適性規準法

最適性条件を直接用いて最適設計解を求める方法を**最適性規準法** (optimality criteria method) あるいは**最適性条件法**という。この方法は，最適性条件が設計感度係数を含まない単純な形式で表現できる場合に有効であり，制約条件を満たしながら目的関数が減少する方向へ解を逐次更新する数理計画法に比べて，計算時間とコンピュータの記憶容量の面で有利な場合がある。また，最適化アルゴリズムや設計感度解析が不要であるから，プログラムも非常に単純である。コンピュータの能力が十分でなかった1960年代から1980年代までは，近似最適解を効率よく求めるため，あるいは理論的興味から，最適性規準法について多くの研究がなされた [37]。

応力制約の場合には，前節の全応力設計法で，最適設計解あるいはそれに近い解が得られるため，以下では**変位制約条件** (displacement constraint) のみを考えるものとする。また，本節でもトラスを対象とし，簡単のため，第 $j$ 変位成分のみについて $U_j \leq \bar{U}_j$ の制約が与えられ，最適設計解においてその制約が等号で満たされているものとする。このとき，$A_i^L < A_i < A_i^U$ となっている部材 $i$ に対して，最適性条件は次のようになる。

$$L_i + \mu_j \frac{\partial U_j}{\partial A_i} = 0 \qquad (7.15)$$

ここで，$\mu_j$ はラグランジュ乗数である。

第 $i$ 部材の軸力を $N_i$，部材座標に関する部材剛性行列と節点変位ベクトルを $\boldsymbol{k}_i$，$\boldsymbol{u}_i$，第 $j$ 変位成分に対する**単位仮想荷重** [31] に関する量を上添字 $j$ で表すと，第6章の式 (6.25) に示したとおり，**随伴変数法**（この場合には単位仮想荷重法と同じ）より

$$\frac{\partial U_j}{\partial A_i} = -\boldsymbol{u}_i^{j\top}\frac{\partial \boldsymbol{K}_i}{\partial A_i}\boldsymbol{u}_i$$
$$= -\frac{L_i}{(A_i)^2 E}N_i^j N_i \tag{7.16}$$

となる．したがって，式 (7.15) は

$$Z_i \equiv \mu_j \frac{N_i^j N_i}{(A_i)^2 E} = 1 \tag{7.17}$$

のように書くことができ，第 $k$ ステップでの量を上添字 $(k)$ で表すと，

$$A_i^{(k+1)} = (Z_i^{(k)})^r A_i^{(k)} \tag{7.18}$$

によって断面積を更新することができる．ここで，$r$ は収束性を調節するパラメータである．

> 式 (7.17) において $\mu_j$, $N_i^j$, $N_i$ を固定すると，$r = 1/2$ が導かれるが，$r$ を $1/2$ と $1$ の間の値とすることによって収束性が向上する場合が多い．

次に，$\mu_j$ の更新方法を考えてみる．式 (7.17) より

$$A_i = \sqrt{\mu_j \frac{N_i^j N_i}{E}} \tag{7.19}$$

である．また，制約条件 $U_j = \bar{U}_j$ が等号で満たされることより，単位仮想荷重法の定義を用いると，

$$\sum_{i=1}^{m}\frac{L_i}{A_i E}N_i^j N_i = \bar{U}_j \tag{7.20}$$

が成立する．したがって，式 (7.19) の $A_i$ を式 (7.20) に用いると，ラグランジュ乗数 $\mu_j$ は，次式を用いて更新することができる．

$$\mu_j^{(k+1)} = \left(\sum_{i=1}^{m}\frac{L_i\sqrt{N_i^j N_i}}{\bar{U}_j\sqrt{E}}\right)^2 \tag{7.21}$$

以上の操作を繰り返し，最適設計解が得られる．

## 第5節　コンプライアンス制約

　コンプライアンス (compliance) は静的載荷時の**外力仕事** (external work) として，あるいは**ひずみエネルギー** (strain energy) の2倍として定義され，コンプライアンスが小さいことは，その荷重に対する剛性が大きいことを意味する．以下では，トラスを対象として，コンプライアンス制約条件下での最適設計問題に対する**最適性必要十分条件**を導き，最適設計解を求める．

　単一載荷条件を考え，全体系の**剛性行列**を $K$，変位ベクトルを $U$，荷重ベクトルを $P$ とすると，**剛性方程式**は

$$KU = P \tag{7.22}$$

のように書ける．式 (7.22) を用いると，コンプライアンス $W(U(A), A) = U^\top P$ は次式のように変形できる．

$$\begin{aligned} W(U(A), A) &= U^\top P \\ &= U^\top K U \\ &= 2\left(U^\top P - \frac{1}{2} U^\top K U\right) \end{aligned} \tag{7.23}$$

したがって，式 (7.22) を再度用いると，

$$\frac{\partial W}{\partial U} = 2(P - KU) = \mathbf{0} \tag{7.24}$$

を得る．

　変位ベクトル $U$ が $A$ の関数であることから，コンプライアンスは，$W^*(A) = W(U(A), A)$ のように，$A$ のみの関数と考えることができる．したがって，式 (7.24) を用いると，$A_i$ に関するコンプライアンスの感度係数は次のようになる．

$$\begin{aligned}\frac{\partial W^*}{\partial A_i} &= \frac{\partial W}{\partial A_i} + \left\{\frac{\partial W}{\partial \boldsymbol{U}}\right\}^\top \frac{\partial \boldsymbol{U}}{\partial A_i} \\ &= \frac{\partial W}{\partial A_i} + 2(\boldsymbol{P} - \boldsymbol{K}\boldsymbol{U})^\top \frac{\partial \boldsymbol{U}}{\partial A_i} \\ &= \frac{\partial W}{\partial A_i}\end{aligned} \quad (7.25)$$

$\left\{\frac{\partial w}{\partial \boldsymbol{U}}\right\}$ は $\left\{\frac{\partial w}{\partial U_j}\right\}$ を成分とする行ベクトルである。

部材の変位の自由度を $S$ とすると，$\boldsymbol{k}_i$ は $S \times S$ 行列，$\boldsymbol{u}_i$ は $S$ 行ベクトルである。平面トラスの場合には $S = 4$ である。詳細は第 6 章を参照すること。

トラスの場合，第 $i$ 部材のひずみを $\varepsilon_i$，部材座標に関する第 $i$ 部材の剛性行列と節点変位ベクトルを $\boldsymbol{k}_i$, $\boldsymbol{u}_i$ とすると，$W^*(\boldsymbol{A})$ は，**ひずみエネルギー**を用いて次のように書くことができる。

$$\begin{aligned}W(U(A), A) &= 2\boldsymbol{U}^\top \boldsymbol{P} - \sum_{i=1}^{m} \boldsymbol{u}_i^\top \boldsymbol{k}_i \boldsymbol{u}_i \\ &= 2\boldsymbol{U}^\top \boldsymbol{P} - \sum_{i=1}^{m} A_i E (\varepsilon_i)^2 L_i\end{aligned} \quad (7.26)$$

式 (7.25), (7.26) から，コンプライアンスの感度係数は次のようになる。

$$\frac{\partial W^*}{\partial A_i} = -E(\varepsilon_i)^2 L_i \quad (7.27)$$

コンプライアンスの上限値を $W^U$，目的関数 $C(\boldsymbol{A})$ を全部材体積として次のような最適設計問題を考える。

$$\text{Minimize} \quad C(\boldsymbol{A}) = \sum_{i=1}^{m} A_i L_i \quad (7.28)$$

$$\text{subject to} \quad W^*(\boldsymbol{A}) \leq W^U \quad (7.29)$$

$$A_i \geq A_i^L, \quad (i = 1, 2, \ldots, m) \quad (7.30)$$

ここで，簡単のため $A_i$ の上限値は与えないものとする。

制約条件式 (7.29) に対するラグランジュ乗数を $\mu$ とすると，**ラグランジアン**は次のように書ける。

側面制約条件式 (7.30) は不等式制約条件式 (7.29) とは別に扱うものとする。

$$\Pi(\boldsymbol{A}, \mu) = \sum_{i=1}^{m} A_i L_i + \mu (W^*(\boldsymbol{A}) - W^U) \quad (7.31)$$

Structural Optimization | コンプライアンス制約

変数の側面制約条件を考慮すると，式 (7.27) より**最適性必要条件**は次のようになる．

$$\begin{cases} A_i > A_i^L \text{ のとき} & E(\varepsilon_i)^2 = \lambda \\ A_i = A_i^L \text{ のとき} & E(\varepsilon_i)^2 \leq \lambda \end{cases} \quad (7.32)$$

ここで，$\lambda = 1/\mu > 0$ である．式 (7.32) からわかるように，コンプライアンス制約の場合には，最適解において $A_i > A_i^L$ である部材のひずみの絶対値あるいは単位体積当たりのひずみエネルギーが一定となり，最適性条件は非常に単純な形式で表現できる．

このようにしてラグランジアンを用いて導かれる条件は，最適解であるための必要条件である．以下では，**全ポテンシャルエネルギー最小の原理** (principle of miminum total potential energy) を用い，条件 (7.32) が**大域最適設計解**であるための**必要十分条件**であることを示す [38]．

設計解 $\boldsymbol{A} = \{A_i\}$ において，最適性必要条件 (7.32) が満たされるものとする．また，$\boldsymbol{A}$ とは異なり，コンプライアンスが $W^U$ に一致する設計解を $\boldsymbol{A}^* = \{A_i^*\}$，その変位ベクトルを $\boldsymbol{U}^*$，第 $i$ 部材のひずみを $\varepsilon_i^*$ とすると，

$$\boldsymbol{U}^{*\top}\boldsymbol{P} - \frac{1}{2}\sum_{i=1}^{m} E(\varepsilon_i^*)^2 A_i^* L_i = \boldsymbol{U}^{\top}\boldsymbol{P} - \frac{1}{2}\sum_{i=1}^{m} E(\varepsilon_i)^2 A_i L_i = W^U \quad (7.33)$$

が成立する．ところで，$\varepsilon_i$ は設計 $\boldsymbol{A}^*$ に対しては正解とは限らない許容な変位 $\boldsymbol{U}$ に対応するひずみだから，全ポテンシャルエネルギー最小の原理より，

$$\boldsymbol{U}^{\top}\boldsymbol{P} - \frac{1}{2}\sum_{i=1}^{m} E(\varepsilon_i)^2 A_i^* L_i \leq \boldsymbol{U}^{*\top}\boldsymbol{P} - \frac{1}{2}\sum_{i=1}^{m} E(\varepsilon_i^*)^2 A_i^* L_i \quad (7.34)$$

が成立する．式 (7.33) を用いると，式 (7.34) から次式を得る．

$$\boldsymbol{U}^{\top}\boldsymbol{P} - \frac{1}{2}\sum_{i=1}^{m} E(\varepsilon_i)^2 A_i^* L_i \leq \boldsymbol{U}^{\top}\boldsymbol{P} - \frac{1}{2}\sum_{i=1}^{m} E(\varepsilon_i)^2 A_i L_i \quad (7.35)$$

式 (7.33) の各辺は，それぞれの設計解の全ポテンシャルエネルギーにマイナス符号をつけたものである．

式 (7.35) を変形すると

$$\sum_{i=1}^{m} E(\varepsilon_i)^2 A_i^* L_i - \sum_{i=1}^{m} E(\varepsilon_i)^2 A_i L_i \geq 0 \qquad (7.36)$$

となる。式 (7.36) を変形して次式を得る。

$$\sum_{i=1}^{m} \lambda (A_i^* - A_i) L_i - \sum_{i=1}^{m} (A_i^* - A_i)(\lambda - E(\varepsilon_i)^2) L_i \geq 0 \qquad (7.37)$$

最適性必要条件 (7.32) が満たされるとき，最適解において $A_i = A_i^L$ が成立する部材の番号の集合を $I$ とすると，式 (7.37) より

$$\sum_{i=1}^{m} \lambda (A_i^* - A_i) L_i - \sum_{i \in I} (A_i^* - A_i)(\lambda - E(\varepsilon_i)^2) L_i \geq 0 \qquad (7.38)$$

であり，$A_i = A_i^L$ が満たされる部材では $A_i^* \geq A_i = A_i^L$ が成立することと，式 (7.32) および $\lambda > 0$ を用いると，式 (7.38) の左辺第 2 項は 0 または正なので，

$$C(\boldsymbol{A}^*) - C(\boldsymbol{A}) = \sum_{i=1}^{m} (A_i^* - A_i) L_i \geq 0 \qquad (7.39)$$

となる。以上より，式 (7.32) が成立するとき，$W(\boldsymbol{A}^*) = W^U$ が成立するいかなる設計解においても目的関数値は最適性必要条件を満たす解での値より小さくなることはなく，式 (7.32) は最適性の必要十分条件であることが証明された。

図 7.5 の 10 部材トラスに対して最適設計解を求めた。載荷条件は $(P_1, P_2) = (0.0, 50.0 \text{ kN})$ とし，コンプライアンスの上限値は 0.15 kN·m とする。最適部材断面積を図 7.8 に示す。最適目標関数値は $2.1189 \times 10^{-2}$ m$^3$ である。図 7.8 からわかるように，節点に作用する荷重を効率よく支点に伝達できるような部材断面積が生成されている。また，ひずみの絶対値が一様だから，応力の絶対値も一様となり，部材断面積分布の傾向は，単一載荷時の応力制約の場合と同じである。

$\sum_{i \in I}$ は $I$ に含まれる部材に関する総和を意味する。

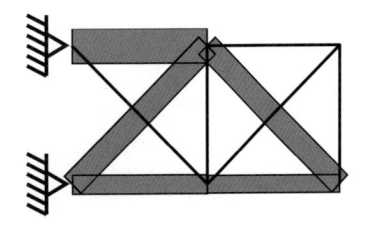

図 7.8 コンプライアンス制約条件下での最適設計解

Chapter 8
Topology Optimization of Trusses

# 8章 トラスの
# トポロジー最適化

## 第1節　トポロジー最適化の概要

　第7章での分類のように，トラスや骨組構造物の形状最適化は，大きく分けて，節点位置最適化と部材の接続関係（トポロジー）最適化に分類される．節点位置最適化の例は第9章で示すものとし，本章では後者の**トポロジー最適化** (topology optimization) を詳細に解説する．

　骨組構造物の形状最適化の歴史は，大きく三つの時期に分けられる．Michell [39] の論文が，通常この分野の最初の論文として引用される．そこで得られているいわゆる Michell トラスは，面内力を受ける平板の主応力方向に部材を配置する形式であり，その理論は興味深いが，無限に多くの部材を有するため，実用的であるとはいえない [40]．1960年代になって，最適性規準法などの多くの実用的かつ理論的成果が発表された [41, 42]．その後，1980年代になって，コンピュータの発展に伴い，実際的な制約条件を考慮して，大規模な構造物の最適トポロジーが得られるようになった．本章では，1980年代以降の，コンピュータの利用を前提とした手法に限定して，トラスのトポロジー最適化を解説する．

　トポロジー最適化の一般的数値解法としては，**グランドストラクチャ法** (ground structure approach) が挙げられる [43]．トラスのトポロジーは，本質的には部材の存在を表す 0-1 変数で定義され，離散変数を有する**組合せ最適化問題**と連続変数を有する断面積最適化で構成される**混合整数計画問題**である．それに対し，グランドストラクチャ法では，図 8.1 に示すようなグランドストラクチャといわれる多くの部材と節点をもつトラスを考え，部材断面積を連続変数として最適化を行い，最適解において断面積が 0 となって不要であるとみなされる部材と，接続する部材のない節点を取り除き，最適トポロジーを得る．

　図 8.2 は，この過程を模式的に示したものである．最適化の後，図 8.2 の下図の点線で表された部材は取り除かれる．図 8.2 からもわかるよう

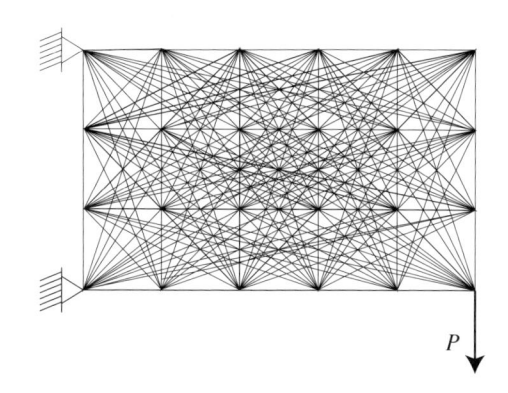

図 8.1 多くの部材と節点を有するグランドストラクチャ

に，トポロジー最適化では節点位置が固定され，部材断面積を連続変数と考えて最適設計を行えばよいのであるから，最適設計法と同様のアルゴリズムを用いて容易に最適トポロジーが得られると思われるかもしれない．しかし，以下に示すように，応力制約や振動数制約の場合などには，多くの困難点が残されている．

指定された静的載荷条件に対する応答量に関する制約条件の下でのトポロジー最適化問題を，グランドストラクチャ法に従い定式化する．第 $i$ 部材の断面積を $A_i$，部材長を $L_i$ とし，部材数を $m$ とする．部材断面積を連続変数と考えるため，設計変数は部材断面積ベクトル $\boldsymbol{A} = \{A_i\}$ である．以下では，簡単のため，$H_j(\boldsymbol{A}) \leq 0$，$(j = 1, 2, \ldots, N^I)$ の形式の不等号制約条件のみを考える．静的載荷時の応力や変位に関する制約は，不等式の形で与えられるため，通常の設計問題では不等号制約のみを考えても差し支えない．目的関数を全部材体積 $V(\boldsymbol{A})$ とすると，トポロジー最適化問題は次のように定式化できる．

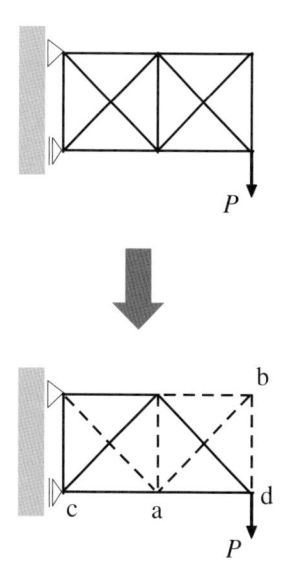

図 8.2 トポロジー最適化

$$\text{P1 : Minimize} \quad V(\boldsymbol{A}) = \sum_{i=1}^{m} A_i L_i \tag{8.1}$$

$$\text{subject to} \quad H_j(\boldsymbol{A}) \leq 0, \quad (j=1,2,\ldots,N^I) \tag{8.2}$$

$$A_i \geq 0, \quad (i=1,2,\ldots,m) \tag{8.3}$$

以上のように，トポロジー最適化問題はP1のような**非線形計画問題**として定式化されるため，第3章で紹介した逐次2次計画法などの**非線形計画法**のアルゴリズムを用いて解くことができる．制約条件が変位や応力などの単純な形式の場合には，**最適性規準法**なども適用できる．このように，トポロジー最適化問題は最適設計問題の単純な延長と考えられがちであるが，最適設計問題には存在しない多くの困難点が存在する．

たとえば，不要な部材を除去する過程では，部材の接続しない節点（図8.2の節点b）や，直線状に2本の部材が接続する節点（図8.2の節点a）の存在により，トラスは不安定になることもある．したがって，部材断面積の下限値を0とせず，微小な下限値 $\bar{A}$ を与え，式 (8.3) の代わりに次のような**側面制約条件**を加えることが多い．

$$A_i \geq \bar{A}, \quad (i=1,2,\ldots,m) \tag{8.4}$$

ここで，最適化の後で $A_i = \bar{A}$ となっている部材は除去される．したがって，$\bar{A}$ は数値解析上の不安定性を防ぐために導入されるものであって，最終的に得られる最適トラスの不安定性を除くために与えられるものではない．第7章で示したように，複数の載荷条件を与えると，最適設計解において存在する部材の数は増えるから，安定な最適トポロジーが得られる可能性が高くなる．

## 第 2 節　応力制約

複数載荷条件の下での応力制約を有するトポロジー最適化問題における困難点は，Sved and Ginos [44] により，最初に議論された．応力制約における主な問題点は，存在しない部材では応力制約自体が消滅することに起因する．

図 8.3 に示すような 3 部材トラスを対象とし，$(P,\alpha) = (4\text{ kN},\pi/4)$，$(3\text{ kN},\pi/2)$，$(2\text{ kN},3\pi/4)$ のような 3 種類の載荷条件を考える．三つの部材に対する応力の上・下限値 $(\sigma_i^L, \sigma_i^U)$ は $(-5\text{ MPa}, 5\text{ MPa})$，$(-20\text{ MPa}, 20\text{ MPa})$，$(-5\text{ MPa}, 5\text{ MPa})$ とし，目的関数は $V = A_2 + \sqrt{2}(A_1 + A_3)$ とする．

三つの載荷条件に対する応力制約の下で $V$ を最小化するような最適トポロジーを求めると，$A_1 = 8.0\text{ cm}^2$，$A_2 = 1.5\text{ cm}^2$，$A_3 = 0$ となる．このとき $V = 12.812\text{ cm}^3$ である．ここで，三つめの載荷条件 $(P,\alpha) = (2\text{ kN}, 3\pi/4)$ に対する部材 3 の応力は 21.4 MPa であり，上限値 5 MPa を超えているため制約条件は満たされていない．しかし，最適解において $A_3 = 0$ であるから，部材 3 は存在せず，制約条件は満たされる必要はない．

一方，すべての部材で応力制約条件を満たさなければならないとして最適設計解を求めると，$A_1 = 7.099\text{ cm}^2$，$A_2 = 1.849\text{ cm}^2$，$A_3 = 2.897\text{ cm}^2$ であり，このとき $V = 15.986\text{ cm}^3$ となる．したがって，すべての制約条件を考慮して最適設計解を求めると，目的関数値は実際の最適トポロジーでの値より大きくなっている．

以上の結果より，最適トポロジーは，設計変数空間上で表された**許容領域**の特異な点であると予想される．図 8.4 に，$A_1 - A_2$ 平面での退化した許容領域の例を示す．ここで，許容領域は，斜線の領域に加えて線分 BC を含むため凸でない領域であり，許容領域が凸である場合に有効

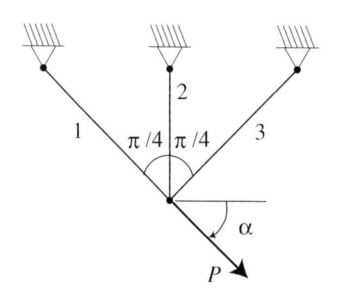

図 8.3　複数載荷条件を有する 3 部材トラス

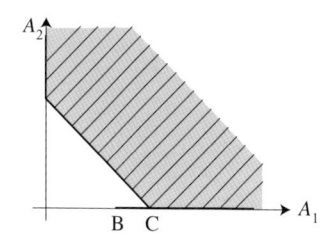

図 8.4　退化した許容領域の例

図 8.3 の 3 部材トラスの許容領域を厳密に示しているのではない．

な非線形計画法の手法では,最適トポロジーを得ることが困難であることがわかる.したがって,厳密な最適トポロジーを求めるためには,除去できる部材を仮定して,そのトポロジーに対する最適設計解を逐次求める必要がある.このような操作を効率的に行うために,**分枝限定法**が有効である [45].また,**遺伝的アルゴリズム**なども最近は積極的に用いられている [46].

制約条件の不連続性を考慮すると,グランドストラクチャ法による応力制約条件下でのトポロジー最適化問題は,下記のように定式化される.

$$\text{P2 : Minimize} \quad V = \sum_{i=1}^{m} A_i L_i \tag{8.5}$$

$$\text{subject to} \quad \sigma_i^L \leq \sigma_i^k \leq \sigma_i^U, \quad \text{for } A_i > 0$$

$$(i = 1, 2, \cdots, m; k = 1, 2, \cdots, N^P) \tag{8.6}$$

$$A_i \geq 0, \quad (i = 1, 2, \cdots, m) \tag{8.7}$$

ここで,$\sigma_i^k$ は第 $k$ 載荷条件に対する第 $i$ 部材の応力であり,$N^P$ は載荷条件の数である.以下では,上添字 $k$ は第 $k$ 制約条件に関する量を示す.上記の問題では,$A_i = 0$ である部材には応力制約条件は課せられない.このような不連続性に関わる問題点を解決するため,Cheng and Guo [47] は,応力制約を断面積の値に応じて次のように緩和する手法を提案した.

$$(\sigma_i^L - \sigma_i^k) A_i \leq \delta \tag{8.8}$$

$$(\sigma_i^k - \sigma_i^U) A_i \leq \delta \tag{8.9}$$

$$A_i \geq \delta^2 \tag{8.10}$$

ここで,$\delta$ は十分に小さい正の数であり,$\delta$ を逐次減少させ最適解を追跡することにより,最適トポロジーが得られる.

部材断面積が正の値をとるときには,第 $i$ 部材の応力 $\sigma_i^k$ は軸力 $N_i^k$ から次式を用いて計算できる.

---

$\delta \to 0$ のとき $A_i = 0$ ならば,式 (8.8), (8.9) は $\sigma_i^k$ の値に関係なく満たされ,応力制約は消滅する.

$$\sigma_i^k = \frac{N_i^k}{A_i} \tag{8.11}$$

しかし，部材断面積が0のときには，上式を用いることはできない．そのような場合にも，部材両端節点の変位から，軸方向変形 $d_i^k$ は計算でき，さらにひずみ $\varepsilon_i^k$ を次式を用いて求めることができる．

$$\varepsilon_i^k = \frac{d_i^k}{L_i} \tag{8.12}$$

ひずみが得られると，それに適合する応力は，

$$\sigma_i^k = E\varepsilon_i^k \tag{8.13}$$

で求められる．ここで，$E$ は弾性係数である．したがって，部材除去後のトラスが安定であるならば，節点変位を求めることができるから，$A_i = 0$ でも式 (8.13) を用いて応力を計算でき，応力 $\sigma_i^k$ 自体には不連続性は存在しない．

トポロジー最適化のもう一つの困難点として，**部材座屈** (member buckling) の問題が挙げられる．最適化によってトラス部材の**細長比** (slenderness ratio) が大きくなる可能性があるときには，圧縮部材の応力の下限値 $\sigma_i^L$ を，**オイラー座屈** (Euler buckling) の応力を用いて定める必要がある．

たとえば，図 8.5 に示すような圧縮力を受ける4部材トラスを考える．ここで，括弧内の数字は節点番号であり，括弧のない数字は部材番号である．部材 1,2 の長さは $L$ であり，簡単のため**断面2次半径** (radius of gyration) は断面積に関わらず一定値 $r$ とする．図 8.5 に示すトラスで $P > 0$ とすると部材 1,2 は圧縮力を受けるから，応力の下限値を座屈応力に安全率 $c\ (< 1)$ を乗じた値 $-c\pi^2 E/(r/L)^2$ で定めることにする．このように，部材座屈に関する制約を導入することにより，極端に細い部材の存在を回避することができ，何も困難はないと思われるかもしれない．しかし，部材が存在しないと部材座屈に関する制約も存在しないから，単純に応力の下限値を変更するだけでは問題は解決されない．

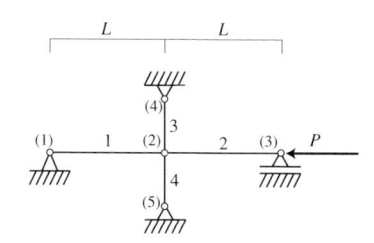

図 **8.5** 圧縮力を受けるトラス

図8.5のトラスでは，明らかに部材3,4の応力は0であるから，最適化を行うと部材3,4は除去され，直線状に接続する二つの部材1,2によって最適解は形成される．しかし，部材3,4が除去されると，指定された荷重$P$は軸力により支点1に伝達することができるが，トラスは不安定であり，たとえば節点2の鉛直方向に作用する荷重に対する変形は無限大となる．そのような不安定性は，不安定な節点2を剛接合し，節点1,3を一つの部材で結ぶことにより除去できる．しかし，その結果，部材長が部材1,2の長さの2倍である部材が現れることになり，応力の下限値は$-c\pi^2 E/(r/2L)^2$としなければならない．したがって，部材3,4を除去して節点2を接合すると，応力制約が満たされなくなる．

　以上のように，安定でかつ実用的に意味のある最適トポロジーを得るのはきわめて困難である．

## 第3節　固有振動数制約

静的荷重に対する応答を考慮して最適設計を行うと，想定した荷重についてのみ最適であり，それ以外の荷重に対しては，きわめて効率の悪い設計解が得られることが多い。それに対し，構造物の**固有振動数**は，動的な剛性の指標と考えられ，**固有モード**が最も危険な載荷パターンであるものと理解すれば，固有振動数制約条件下での最適設計解を求めることは，実用上も有意義である。しかし，1次固有振動数に関する制約を考慮したトポロジー最適化問題に対しては，応力制約で見られた不安定な節点の存在や，固有振動数の重複に伴う困難のため，ほとんど研究がなされていない。

トラス部材の質量を代表する**構造質量** (structural mass) と，節点や積載物の質量を代表する**非構造質量** (nonstructural mass) に関する質量行列をそれぞれ $M_s$ および $M_0$ で表す。建築の分野では，構造物の動的特性量として**固有周期** (natural period) を用いることが多いが，以下では**固有円振動数**の2乗である**固有値**によって定式化する。

**自由振動**の固有値問題は，次のように定式化される。

$$K\Phi_r = \Omega_r(M_s + M_0)\Phi_r, \quad (r = 1, 2, \ldots, n) \tag{8.14}$$

ここで，$\Omega_r$ および $\Phi_r$ は，$r$ 次の固有値と**固有ベクトル**であり，$n$ は変位の自由度である。固有ベクトルは**固有モード**ともいわれ，次式で正規化される。

$$\Phi_r^\top (M_s + M_0)\Phi_r = 1, \quad (r = 1, 2, \ldots, n) \tag{8.15}$$

固有値が大きいほど動的な剛性は大きいと考えられるから，固有値に対して下限値 $\bar{\Omega}$ を与えて最適化を行う。グランドストラクチャ法を用いると，固有値制約条件下でのトポロジー最適化問題は，次のように定式

化される．

$$\text{P3}: \text{Minimize} \quad V = \sum_{i=1}^{m} A_i L_i \tag{8.16}$$

$$\text{subject to} \quad \Omega_r \geq \bar{\Omega}, \quad (r = 1, 2, \ldots, n), \tag{8.17}$$

$$A_i \geq 0, \quad (i = 1, 2, \ldots, m) \tag{8.18}$$

問題 P3 に対して最適設計解が得られたならば，$A_i = 0$ となっている部材を除去して最適トポロジーが得られる．通常は，応力制約の場合と同様に，最適化過程での不安定性を防ぐため，$A_i$ に対して微小な正の値の下限値が与えられる．

　最適設計解において 1 次固有値が重複しなければ，固有値の部材断面積に関する**設計感度係数**は連続であり，第 6 章で示した式 (6.34) で容易に求められるから，P3 は非線形計画法あるいは最適性規準法を用いて解くことができる．しかし，P3 の最適設計解では，固有値が重複することが多いことがよく知られている．その場合には，固有値の部材断面積に関する設計感度係数は不連続であり，**方向微分係数** (directional derivative) しか存在しない．図 8.6 は，一つの設計変数 $A$ と $\Omega_1, \Omega_2$ の関係を模式的に描いたものである．$\Omega_1$ は最小固有値だから，実線で示すようになり，点線が $\Omega_2$ である．図 8.6 より，固有値が重複する設計変数値 $A = A^*$ で，$\Omega_1$ の $A$ に関する感度係数（この図では傾き）は不連続に変化し，$A$ を増加させる場合と減少させる場合で感度係数は異なることがわかる．したがって，固有値が重複する場合には，設計感度解析に基づく手法を用いて最適トポロジーを得ることはきわめて困難である．

　ところで，トラスの場合には，$\boldsymbol{K}$ と $\boldsymbol{M}_s$ の各成分は $A_i$ の線形関数であり，$\boldsymbol{K}, \boldsymbol{M}_s$ は

$$\boldsymbol{K} = \sum_{i=1}^{m} A_i \boldsymbol{K}_i, \quad \boldsymbol{M}_s = \sum_{i=1}^{m} A_i \boldsymbol{M}_i \tag{8.19a,b}$$

のように表すことができる．

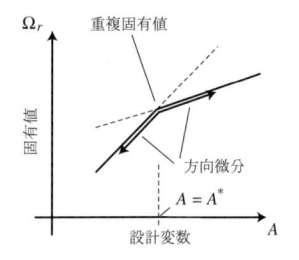

図 8.6　重複固有値とその設計感度係数

ここでは，$\boldsymbol{K}_i$ と $\boldsymbol{M}_i$ のサイズは $n \times n$ である．

レイリーの原理 (Rayleigh's principle) を用いると，式 (8.14) および式 (8.17) より，境界条件を満たす任意のモードベクトル $\Psi$ に対し，

$$\frac{\Psi^\top K \Psi}{\Psi^\top (M_s + M_0) \Psi} \geq \bar{\Omega} \tag{8.20}$$

が成立する．式 (8.19a,b) を用いて式 (8.20) を変形すると次式を得る．

$$\Psi^\top \left[ \sum_{i=1}^m (K_i - \bar{\Omega} M_i) A_i - \bar{\Omega} M_0 \right] \Psi \geq 0 \tag{8.21}$$

上式が任意の $\Psi$ に対して成立するので，行列 $Z$ を

$$Z = \sum_{i=1}^m (K_i - \bar{\Omega} M_i) A_i - \bar{\Omega} M_0 \tag{8.22}$$

で定義すると，制約条件式 (8.17) は，$Z$ が**半正定値** (positive semi-definite) であることに帰着される．Ohsaki et al. [48] は，**半正定値計画法** (Semi-Definite Programming, SDP) の定式化に基づく最適化アルゴリズムを提案した．その手法は，固有値の感度係数を用いないため，固有値が重複する場合にも有効であり，1 次固有値の重複度が大きい場合にも困難なく最適トポロジーを求めることができる．

振動の固有値制約のもう一つの問題点としては，局所的振動モードの存在が挙げられる．例として，図 8.7 に示すような単純な 3 部材トラスを考える．いま，節点 3 に存在する質量が部材質量に比べて十分に大きく，すべての部材断面積が同一とすると，1 次固有モードは図 8.8(a) に示すような主に節点 2,3 が水平方向に変位するモードであり，そのモードでは部材 3 の変形は微小である．このように，非構造質量の振動を伴うモードを**大域的モード** (global mode) と呼ぶことにする．一方，2 次固有モードは図 8.8(b) に示すようなモードであり，節点 3 の非構造質量がほとんど変位しないようなモードである．このようなモードを局所的モード (local mode) ということにする．

1 次固有モードでの部材 3 の変形は部材 1,2 と比べて微小であるから，最適化を行うと $A_3$ は $A_1, A_2$ と比べて小さくなる．図 8.9 は，二つの固

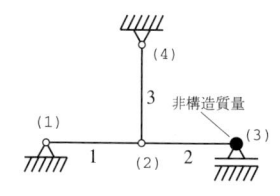

図 **8.7** 一つの非構造質量を有する 3 部材トラス

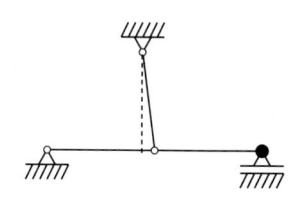

図 **8.8** 大域モードと局所モード

(a) 大域的モード

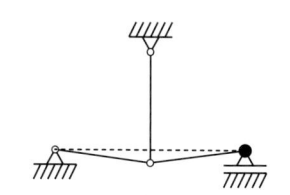

(b) 局所的モード

有モードに対応する固有値を，$A_3$ が微小な領域で描いたものである．ここで，図中の G および L は，それぞれ大域的モードおよび局所モードに対応する固有値を意味する．節点 2 はピン接合であるから，図 8.9 からもわかるように，部材 3 が完全に除去されるとトラスは不安定になって，局所的モードに対する固有値は 0 となる．したがって，固有値制約を満たすためには $A_3$ は微小な値を保持する必要があり，最適設計解では，節点 2 が鉛直方向に振動するモードに対応する固有値と，節点 2,3 が水平方向に振動するモードに対応する固有値が一致して，1 次固有値が重複する．

図 8.7 のような小規模なトラスでも，最適化に伴って固有値は重複するため，一般に，最適化を行うときわめて微小な断面積を有する 2 次的な部材が多く出現し，1 次固有値は重複する可能性が高いことがわかる．実用的見地からは，2 次的部材の存在は好ましくなく，それらを除去した後，不安定な節点を固定することによって安定化するのが望ましい．その結果，図 8.7 の節点 1,3 を直接結ぶ 1 本の長い部材が残ることになる．

中規模のトラスの例として，図 8.10 に示すような 5×5 の平面グリッドに対して最適トポロジーを求めた．ここで，トラスは二つの支点で支持され，最上層右端に一つの非構造質量が存在している．トラスの詳細なデータは文献 [48] を参照されたい．半正定値計画法を用いて最適化を行い，きわめて細い部材を取り除いた後の部材断面積分布を図 8.11 に示す．ここで，図 8.11 は，部材幅が断面積に比例するように描いている．図 8.11 より，十分に大きい断面積を有する 10 部材トラスの不安定性を回避するために，2 次的部材によるネット状のトラスが形成されていることがわかる．

このトラスの 1 次固有値の重複度は 2 であり，二つの固有モードは図 8.12 に示したとおりである．図 8.12 より，非構造質量の存在する節点の変位は，モード (a) では大きいが，モード (b) ではきわめて小さく，モード (b) では図 8.11 に示した節点 1 での変位が卓越していることがわかる．モード (b) のような局所的モードは，節点 1-8 を剛接合とする

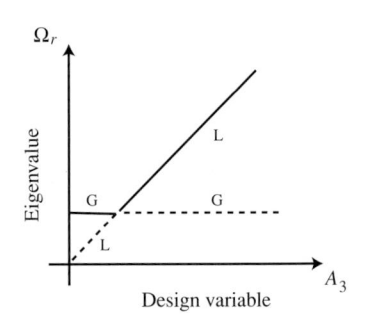

図 8.9　3 部材トラスの断面積と固有値の関係

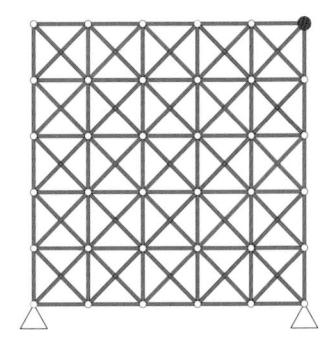

図 8.10　5×5 平面グリッド

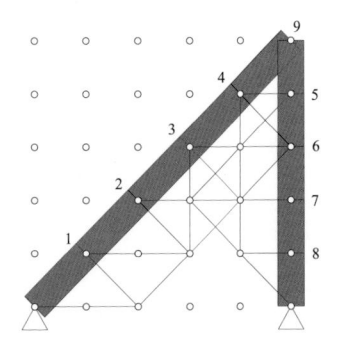

図 8.11　5×5 グリッドの最適トポロジー

モード (a) モード (b)

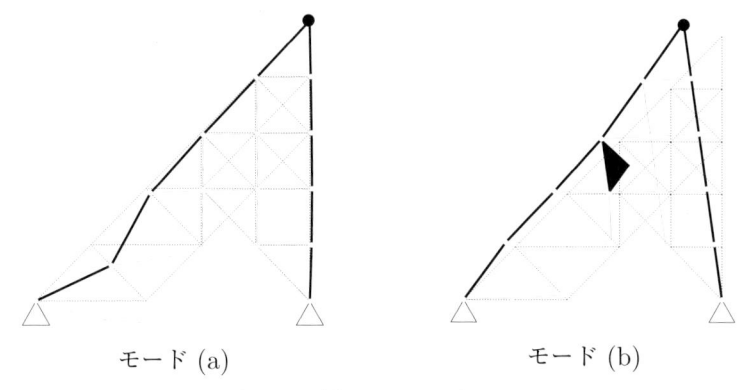

**図 8.12** 最適トポロジーの固有モード

ことによって抑制できる．その後，2次的部材を除去すると，実用的に有効な2部材からなる最適トポロジーが得られる．しかし，この場合にも，部材の細長比に関する制約が存在すれば，2部材からなるトラスは許容されないので，実用的な最適トポロジーを得ることはきわめて困難である．

Chapter 9
Parametric Curves and Surfaces

# 9章 パラメトリック曲線・曲面

## 第1節　はじめに

　建築構造物の形状は，デザイナーによって概要が決定され，構造設計者によって詳細が決められることが多い。したがって，アーチやシェル構造物などのデザインの段階で，曲線と曲面の形状が解析的な表現で与えられれば，その後の構造設計と施工の過程へのデータ伝達を効率化することができる。建築構造物の形状は，それほど複雑ではないが，シェル構造物などの曲面状構造物を表現するためには，2次曲線・曲面などの古典的な解析曲線・曲面では不十分である。そこで本章では，まず，**ベジエ曲線** (Bézier curve) に代表されるような**パラメトリック曲線** (parametric curve) を紹介し，その積で表される**パラメトリック曲面** (parametric surface) の概要を述べる。それらの詳細については，専門書を参照されたい [49, 50]。また，微分幾何学 [51] の基礎についても専門書 [52] を参照すること。

　基本事項の解説の後，パラメトリック曲線・曲面の建築への応用例として，ベジエ曲線を用いたトラスの形状最適化を紹介する。また，曲線・曲面の滑らかさの尺度を導入した最適化手法についても述べる。

## 第 2 節  3 次スプライン

ベジエ曲線などが提案された背景について紹介するため，まず，古典的なパラメトリック表現である **3 次スプライン** (cubic spline) を用いた場合の問題点について論じる。

一般に，パラメータの $k$ 次の多項式を接続して形成される曲線を $k$ 次スプラインといい，接続点でパラメータに関する $k-1$ 階の導関数まで連続である。$k$ が大きいと複雑な曲線を表現できるが，低次スプラインを連結することにより，高次スプラインで発生する望ましくない振動を防ぐことができる。図 9.1(a),(b) は，平面上の四つの点を，それぞれ一つの低次と高次のスプラインで補間した様子を示している。この図のように，曲線の次数を上げることが必ずしも望ましくない場合がある。

空間内の曲線を考え，空間座標系を $(x, y, z)$ とし，四つの係数ベクトルを

$$\boldsymbol{C}_i = (C_i^x, C_i^y, C_i^z)^\top, \quad (i = 0, 1, 2, 3) \tag{9.1}$$

とすると，3 次スプライン $\boldsymbol{P}_c(t)$ は次式で定義される。

$$\boldsymbol{P}_c(t) = \boldsymbol{C}_0 + \boldsymbol{C}_1 t + \boldsymbol{C}_2 t^2 + \boldsymbol{C}_3 t^3 \tag{9.2}$$

ここで，$t$ はパラメータである。式 (9.2) からわかるように，3 次スプラインでは三つの座標成分が $t$ の 3 次関数である。したがって，座標値相

(a) 低次スプライン    (b) 高次スプライン

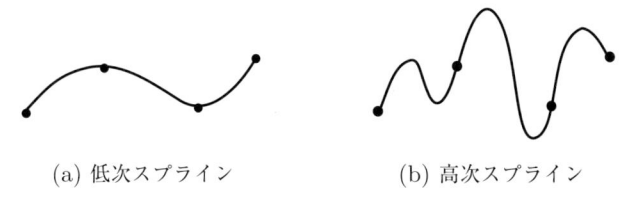

図 **9.1**  高次スプラインを用いた場合の曲線の振動

互の関係が3次式で表現されるわけではないことに注意しなければならない。$t$での微分をドットで表すと，**接線ベクトル** (tangent vector) は次式で与えられる。

$$\dot{\boldsymbol{P}}_c(t) = \boldsymbol{C}_1 + 2\boldsymbol{C}_2 t + 3\boldsymbol{C}_3 t^2 \tag{9.3}$$

式 (9.2) において，未知係数は $x, y, z$ の各成分当たり四つであるから，図 9.1(a) に示したように，四つの点が与えられれば，その間を補間する曲線を求めることができる。

次に，二つの点が与えられたときに，その間を一つの3次スプラインで補間することを考える。未知数は各成分四つだから，たとえば両端の点（端点）の座標値とそこでの接線ベクトルを与えることにより，曲線の形状は決定される。このとき，端点のパラメータ値を $t = 0, 1$ とすると，曲線は次式のように定義できる。

$$\boldsymbol{P}_c(t) = F_1 \boldsymbol{P}_c(0) + F_2 \boldsymbol{P}_c(1) + F_3 \dot{\boldsymbol{P}}_c(0) + F_3 \dot{\boldsymbol{P}}_c(1) \tag{9.4}$$

$$F_1 = 2t^3 - 3t^2 + 1 \tag{9.5}$$

$$F_2 = -2t^3 + 3t^2 \tag{9.6}$$

$$F_3 = t(t^2 - 2t + 1) \tag{9.7}$$

$$F_4 = t(t^2 - 1) \tag{9.8}$$

ここで，$F_i$ をブレンディング関数あるいは重み関数という。

ところで，座標値を与えるのは容易であるが，接線ベクトルについては，直感的に指定できるのは方向であるにも関わらず，式 (9.4) からも明らかなように，曲線の形状は接線ベクトルの大きさに依存する。一方，式 (9.3) で与えられる接線ベクトルの大きさはパラメータ $t$ の定義に依存するため，接線ベクトルを指定する方法で望むような形状の曲線を得ることは困難である。図 9.2 に，両端の座標 $\boldsymbol{P}_c(0), \boldsymbol{P}_c(1)$ を固定し，$\dot{\boldsymbol{P}}_c(0) = \dot{\boldsymbol{P}}_c(1)$ としてその大きさを変化させたときの曲線の形状の変化

端点でのパラメータ値を $t = 0, 1$ ではなく $t = 0, 2$ としても，同じ形状の曲線を表すことは可能であるが，その場合には接線ベクトルの大きさは $1/2$ になる。

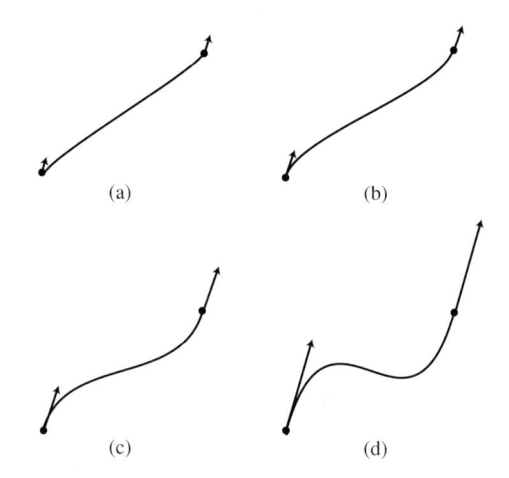

**図 9.2** 接線ベクトルの大きさの変化に伴う 3 次スプライン曲線の形状の変化

を示す．ここで，図 9.2(a) を基準の接線ベクトルとすると，(b),(c),(d) はそれぞれ 2,4,8 倍の長さの場合を示している．この結果から，曲線形状は接線ベクトルの大きさに大きく依存することがわかる．

3 次スプラインを接続することにより，多くの点を通る複雑な曲線を表現することができる．たとえば，$s$ 個の点の列を $s-1$ 個の 3 次スプラインを用いて接続するとき，未知係数は $x, y, z$ の各座標成分について $4(s-1)$ 個である．一方，最初と最後の点の座標の値と $s-2$ 個の中間点での $\dot{P}_c$ と $\ddot{P}_c$ との連続条件を与えると，$4s-6$ 個の条件が得られる．したがって，たとえば両端で $\dot{P}_c$ あるいは $\ddot{P}_c$ を定めると，未知数と条件式の数は一致し，曲線形状を決定できる．しかし，この方法では，$4(s-1)$ 元の連立 1 次方程式を各座標成分ごとに解かなければならないため，点の数が多くなると計算量が大きくなる．また，座標や接線ベクトルの変更が全体の曲線形状に影響を及ぼすため，曲線の局所的な制御が困難である．

## 第3節 ベジエ曲線・曲面

　前節で述べたような3次スプラインの問題点を解決するために，Bézier により提案されたのが**ベジエ曲線**である。ベジエ曲線は，**バーンスタイン基底関数** (Bernstein basis function) と**定義多角形** (defining polygon) により決定される。定義多角形は，**制御多角形** (control polygon) あるいは**制御ネット** (control net) とも呼ばれ，定義多角形の頂点は，**定義頂点** (control point) ともいう。

　$n$ 次のバーンスタイン基底関数は次式で定義される。

$$B_i^n(t) = \begin{pmatrix} n \\ i \end{pmatrix} t^i (1-t)^{n-i}, \quad (i = 1, 2, \ldots, n) \tag{9.9}$$

$$\begin{pmatrix} n \\ i \end{pmatrix} = \begin{cases} \dfrac{n!}{i!(n-1)!} & (0 \leq i \leq n \text{ のとき}) \\ 0 & (i < 0 \text{ あるいは } i > n \text{ のとき}) \end{cases} \tag{9.10}$$

ここで，$0^0 = 0! = 1$ とする。

　$B_i^n(t)$ は，次の再帰的表現を用い，$n = 0$ の場合から順に導くこともできる。

$$B_i^n(t) = (1-t) B_i^{n-1}(t) + t B_{i-1}^{n-1}(t) \tag{9.11}$$

$$B_0^0 = 1 \tag{9.12}$$

ここで，

$$B_i^n = 0, \quad (i < 0 \text{ あるいは } i > n \text{ のとき}) \tag{9.13}$$

である。たとえば $n = 3$ のとき，$B_i^3(t)$ は次のようになる。

$$\begin{aligned} B_0^3(t) &= (1-t)^3, & B_1^3(t) &= 3t(1-t)^2, \\ B_2^3(t) &= 3t^2(1-t), & B_3^3(t) &= t^3 \end{aligned} \tag{9.14a-d}$$

$B_i^n(t)$ を用いて，$n$ 次のベジエ曲線 $\boldsymbol{P}_b^n(t)$ は次式で定義される．

$$\boldsymbol{P}_b^n(t) = \sum_{i=0}^{n} \boldsymbol{R}_i B_i^n(t) \tag{9.15}$$

ここで，$\boldsymbol{R}_i\,(i=0,1,\ldots,n)$ は定義多角形の頂点ベクトルである．このように，$n$ 次ベジエ曲線は $n+1$ 個の定義頂点で定義され，その基底関数は $t$ の $n$ 次多項式である．$n=3$ のときの基底関数を図 9.3 に示す．

式 (9.9),(9.10) から明らかなように，$t=0$ では $B_0^n$ のみ 1 で他は 0 である．また，$t=1$ では $B_n^n$ のみ 1 で他は 0 である．したがって，式 (9.15) より，$t=0,1$ の端点はそれぞれ定義頂点 $\boldsymbol{R}_0, \boldsymbol{R}_n$ に一致することがわかる（**端点一致の性質**）．

式 (9.9),(9.10) から，

$$\sum_{i=0}^{n} B_i^n(t) = 1 \tag{9.16}$$

が成立することを容易に確かめることができる．式 (9.16) を用いると，$\boldsymbol{P}_b^n(t)$ 上の各点を線形変換によって移動した点と，$\boldsymbol{R}_i$ を線形変換した後でその点を定義頂点として式 (9.15) を用いて求められるベジエ曲線上の点が一致する性質（**アフィン不変性**）を導くことができる．この性質は，CAD における図形の移動や変換の高速化においてきわめて重要である．さらに，式 (9.16) を用いると，図 9.4 に示すように，ベジエ曲線は定義多角形の**凸包** (convex hull)（多角形を含む最小の凸多角形）内に存在することが導かれる（**凸包の性質**）．図 9.4 では，多角形 ABCD が凸包である．この性質は，曲線の大まかな形状を予測する上で重要である．

$t$ に関する $r$ 階微分を $(\ )^{(r)}$ で表すと，ベジエ曲線の $r$ 階導関数は次式で計算できる．

$$\boldsymbol{P}_b^{n(r)}(t) = \sum_{i=0}^{n} \boldsymbol{R}_i B_i^{n(r)}(t) \tag{9.17}$$

式変形の詳細は省略するが，式 (9.17) から，端点での導関数に関して

$$\begin{aligned}\dot{\boldsymbol{P}}_b^n(0) &= n(\boldsymbol{R}_1 - \boldsymbol{R}_0) \\ \dot{\boldsymbol{P}}_b^n(1) &= n(\boldsymbol{R}_n - \boldsymbol{R}_{n-1})\end{aligned} \tag{9.18a,b}$$

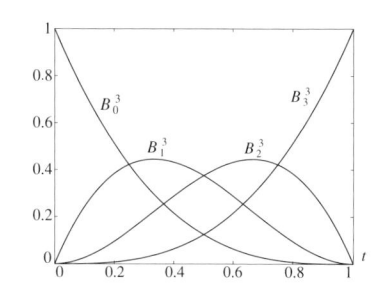

図 **9.3** 3 次のバーンスタイン基底関数

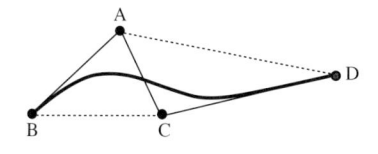

図 **9.4** ベジエ曲線の凸包

が成立し，始点と終点での**接線ベクトル**が，定義多角形の最初と最後の辺と同じ方向であることがわかる．また，2階の導関数は次のようになる．

$$P_b^{n(2)}(0) = n(n-1)(\boldsymbol{R}_0 - 2\boldsymbol{R}_1 + \boldsymbol{R}_2)$$
$$P_b^{n(2)}(1) = n(n-1)(\boldsymbol{R}_n - 2\boldsymbol{R}_{n-1} + \boldsymbol{R}_{n-2})$$
(9.19a,b)

したがって，始点と終点での2階の導関数は，二つの隣接する辺あるいは隣接する三つの多角形頂点に依存している．

以上より，複数のベジエ曲線を結合して曲線を描くとき，接線ベクトル（パラメータに関する1階微分）の連続性は容易に実現できるが，パラメータに関する2階微分（曲率）の連続性を実現することは困難であることがわかる．このことは，対話的に曲線形状を生成する上で重大な制限となる．端点一致の性質と凸包の性質より，曲線はおおむね定義多角形の形に従い，その変動は，定義多角形の変動より小さい．また，図9.4からもわかるように，定義多角形はベジエ曲線を誇張させたものとなっているため，定義多角形を操作することにより，望ましい形状の曲線を生成することができる．しかし，ベジエ曲線には以下のような欠点がある．

- 基底関数の次数 $n$ を定めると，多角形の頂点の数は $n+1$ でなければならない．
- バーンスタイン基底関数が $0 < t < 1$ の全域で正の値をもっていることからもわかるように，一つの定義頂点の変更が曲線全体の形状に影響するため，形状の局所的な変更が困難である．
- 複数のベジエ曲線を連結するとき，区間の境界での接線ベクトルの連続性は，式 (9.18a,b) が満たされるように区間内部の定義頂点を定めることによって容易に実現できるが，曲率の連続性を実現することは困難である．

ベジエ曲線でのこのような問題点を解決するため提案されたのが **B-スプライン曲線** (B-spline curve) である．B-スプライン曲線を用いる

> パラメータ $t$ が弧長パラメータのときには，$P_b^{n(2)}$ は曲率ベクトルであるが，弧長パラメータでないときには，曲率の定義には3階微分まで含まれる．

と，定義多角形の頂点の数を変えずに，基底関数の次数および，その結果得られる曲線の次数を変えることができ，定義多角形の頂点の変更は，曲線形状に局所的に影響を及ぼす。詳細は文献 [49, 50] を参照されたい。

曲線の積として表現されるような曲面を**テンソル積** (tensor product) 曲面あるいは直積曲面という。$u, v$ をパラメータとすると，$n \times m$ **テンソル積ベジエ曲面** (tensor product Bézier surface) は次のような形式となる。

$$S_b^{n,m}(u,v) = \sum_{i=0}^{n} \sum_{j=0}^{m} \boldsymbol{R}_{i,j} B_i^n(u) B_j^m(v) \qquad (9.20)$$

ここで，$\boldsymbol{R}_{i,j}$ は定義多角形の頂点である。また，$B_i^n(u), B_j^m(v)$ は，パラメータ $u, v$ の方向のバーンスタイン基底関数である。

定義多角形は $u, v$ それぞれの方向に同数の頂点をもたなければならないが，$m = n$ である必要はない。また，$u, v$ のいずれかを一定とすると，曲面上の曲線（等パラメータ曲線，isoparametric curve）が得られ，それらはベジエ曲線となる。したがって，境界曲線はベジエ曲線である。$n = m = 3$ のときのベジエ曲面の例を図 9.5 に示す。図 9.5 において，太線は定義頂点を結ぶ直線であり，細線は等パラメータ曲線である。

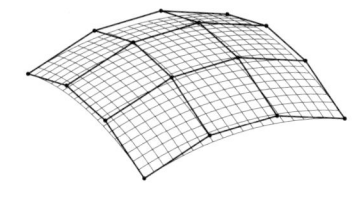

図 **9.5** テンソル積ベジエ曲面

## 第4節　随伴曲線のパラメトリック表現

パラメトリック曲線を $P(t)$ とするとき，$P(t)$ のもっている性質に基づき，同じパラメータ $t$ を用いて表される曲線を**随伴曲線** (derived curve) という [53]。たとえば，伸開線 ($P(t)$ の接線と垂直に交わる曲線) は随伴曲線である [51]。また，力学の分野では，図 9.6(a) に示すような曲線上の各点での速度ベクトルを，図 9.6(b) のように座標原点を始点として描いたベクトルの終点を連ねて得られる**ホドグラフ** (hodograph) が挙げられる。

工業製品の生産では，曲面から一定の距離だけ離して工作機械を移動させることがあり，そのような場合には，法線ベクトルで定義されるオフセット曲線・曲面が重要である。また，オフセット曲線・曲面は，2層構造物の形状記述のためにも用いられる [54, 55]。オフセット曲面はオフセット曲線の単純な拡張であるから，ここでは法線ベクトルを用いた曲線についてのみ解説する。

簡単のため平面曲線を考える。曲線 $P(t)$ の**単位法線ベクトル** (unit normal vector) を $n(t)$ とし，オフセット曲線 $D(t)$ を次式で定義する。

$$D(t) = P(t) + dn(t) \tag{9.21}$$

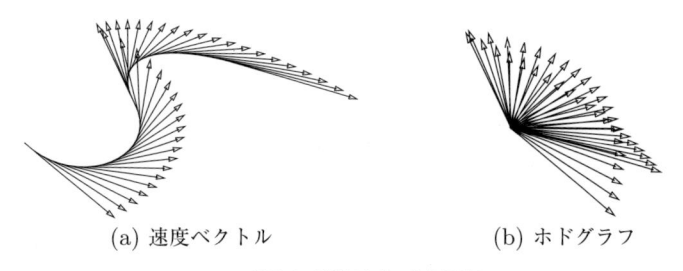

(a) 速度ベクトル　　　　(b) ホドグラフ

図 **9.6**　速度ベクトルとホドグラフ

図 **9.7** 交差とループの存在するオフセット曲線 [56]

ここで，$d$ はオフセット量である。式 (9.21) より，オフセット曲線は曲線 $\boldsymbol{P}(t)$ から $d$ だけ離れた点の集合であり，非常に単純な形式で書けることがわかる。また，たとえば $\boldsymbol{D}(t)$ の接線ベクトルは

$$\dot{\boldsymbol{D}}(t) = \dot{\boldsymbol{P}}(t) + d\dot{\boldsymbol{n}}(t) \tag{9.22}$$

のようになり，$\boldsymbol{D}(t)$ の性質は $\boldsymbol{P}(t)$ に関する諸量を用いて表現できる。しかし，$d$ が一定の場合にも，その大きさと $\boldsymbol{P}(t)$ の形状の関係によっては図 9.7 に示すように交差やループが生じる場合があるので注意しなければならない。図 9.7 において，実線は $P(t)$，点線は $D(t)$ である。

## 第5節　曲線の滑らかさの計量

曲線の**滑らかさ** (fairness) の定義は，デザイナーあるいは建築家の好み，構造物の大きさ，滑らかさを評価する人の視点からの距離，構造物の使用目的など，種々の条件に依存する．このように，滑らかさは状況によって変化し，かつ主観的な量ではあるが，これまでに**丸さ** (roundness)，**回転性** (rolling)，**平面性** (planeness) などの種々の滑らかさの計量（評価尺度あるいは指標）が，随伴曲線の特性量を用いて提案されている．曲面についても同様であるが，ここでは，簡単のため曲線の丸さの計量を紹介する [57]．

3次元空間内の曲線 $P(t)$ の**単位主法線ベクトル** (unit main normal vector) と**曲率半径** (radius of curvature) をそれぞれ $n(t)$ および $\rho(t)$ で表す．$P(t)$ の**曲率中心** (center of curvature) の軌跡で定義される曲線 $c_1(t)$ は，次のように書ける．

$$c_1(t) = P(t) + \rho(t)n(t) \tag{9.23}$$

$P(t)$ が平面内の円弧であるときには，明らかに $c_1(t)$ は $t$ に関わらず一つの点であり，その長さは 0 となる．したがって，一般の曲線において，$c_1(t)$ の長さ $\mu_1$ が小さいと円弧に近いと判断でき，$\mu_1$ を丸さの計量とすることができる．

曲線 $P(t)$ の**弧長パラメータ** (arc-length parameter) と長さを $s$ および $l$ で表すと，$\mu_1$ は次式で定義できる．

$$\mu_1 = \int_0^l |c_1'| \mathrm{d}s \tag{9.24}$$

ここで，$(\ )'$ は $s$ に関する微分である．$P(t)$ の単位接線ベクトルと**従法線ベクトル** (binormal vector) を $a(t)$ および $b(t)$ で表すと，フルネ-セ

レーの公式 (Frenet-Serret formula) より次式を得る [49, 51]。

$$a = P'  \qquad (9.25)$$
$$a' = \kappa n \qquad (9.26)$$
$$n' = -\kappa a + \tau b \qquad (9.27)$$
$$b' = -\tau n \qquad (9.28)$$

ここで，$\kappa\,(=1/\rho)$ および $\tau$ は，それぞれ $P(t)$ の**曲率** (curvature) および**捩率** (torsion) である。

式 (9.23),(9.27) および $n$ と $b$ の直交性を用いることにより，

$$|c_1'| = \sqrt{c_1' \cdot c_1'} = [(\rho')^2 + \rho^2 \tau^2]^{\frac{1}{2}} \qquad (9.29)$$

が得られ，$\mu_1$ は次式で計算できる。

$$\mu_1 = \int_0^l [(\rho')^2 + \rho^2 \tau^2]^{\frac{1}{2}} ds \qquad (9.30)$$

ここで，$\mu_1$ はパラメータに依存しない特性量である $\rho$，$\rho'$ および $\tau$ で決定される。すなわち，$\mu_1$ は $t$ の定義に依存しない。このことは，滑らかさの指標を定義する上で重要である。

> このような**特性量**を intrinsic property という。

ところで，平面曲線では $\tau = 0$ であり，円弧では $\rho' = 0$ が成立するため $\mu_1 = 0$ である。したがって，$\mu_1$ を最小化することによって円弧に近い形状が得られる。しかし，曲線が完全な円弧である場合には $\mu_1$ はその半径に依存せず 0 となる。一方，曲線の丸さは感覚的には曲率半径にも依存するものと考えられるから，その影響を考慮に入れた定式化が望ましい [58]。

丸さの計量としては，$\mu_1$ 以外にも，次のような定義が提案されている。

$$\mu_2 = \int_0^l \rho[4(\rho')^2 + \rho^2 \tau^2 + 1]^{\frac{1}{2}} ds \qquad (9.31)$$
$$\mu_3 = \int_0^l \rho[4(\rho')^2 + 1]^{\frac{1}{2}} ds \qquad (9.32)$$

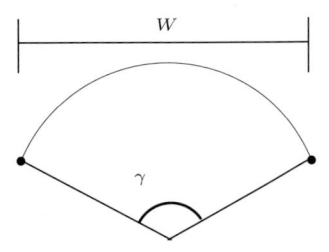

図 9.8 丸さの計量を考慮したときの最適な円弧

これらは，それぞれ次のような随伴曲線の長さとして定義される。

$$c_2(t) = \rho^2 \boldsymbol{n} \tag{9.33}$$

$$c_3(t) = \rho^2 \boldsymbol{a} \tag{9.34}$$

平面曲線では $\tau = 0$ なので $\mu_2 = \mu_3$ である。

図 9.8 に示すような指定されたスパン長 $W$ を有する平面内の円弧を考える。開角を $\gamma$ とし，円弧では $\rho' = 0$ となることを用いると，$\mu_3$ は次のような簡単な形式で表される。

$$\mu_3 = \frac{\gamma W^2}{4 \sin^2(\gamma/2)} \tag{9.35}$$

$\mu_3$ の $\gamma$ に関する停留条件より，

$$\gamma = \tan \frac{\gamma}{2} \tag{9.36}$$

を得る。式 (9.36) は $\gamma = 2.3311$ rad (133.56 deg) で満たされ，それに対応する円弧は図 9.8 のようになる。

ところで，丸さは主観的計量であるため，デザイナーは図 9.8 で示される曲線が十分に丸いとは思わず，より曲率半径の小さい曲線を希望するかもしれない。種々の曲率分布を有する丸い曲線は，次のようなパラメトリックな計量を最小化することにより得られる [58]。

$$c_4(t) = (\rho)^\alpha \boldsymbol{n} \tag{9.37}$$

ここで，パラメータ $\alpha$ は実数であってもよい。$c_4(t)$ の弧長 $\mu_4$ は次のように書ける。

$$\mu_4 = \int_0^l \rho^{2(\alpha-1)} [\alpha^2 (\rho')^2 + \rho^2 \tau^2 + 1]^{\frac{1}{2}} ds \tag{9.38}$$

ここで，平面曲線では $\tau = 0$ であり，$\alpha$ を増加させることにより，$c_4(t)$ の弧長を最小化するような最適な曲線の曲率半径は減少する。

円弧の場合には，$\mu_4$ は

$$\mu_4 = \gamma \left( \frac{W}{2\sin(\gamma/2)} \right)^\alpha \qquad (9.39)$$

で計算できる．$\mu_4$ を $\gamma$ で微分することにより，次の最適性条件を得る．

$$\frac{\alpha\gamma}{2} = \tan\frac{\gamma}{2} \qquad (9.40)$$

図 9.9 は，$\alpha = 2, 3, 4$ に対応する最適円弧を示したものであり，$\alpha = 3, 4$ に対する $\gamma$ の最適値は，それぞれ 2.6484 rad (151.74 deg) および 2.7865 rad (159.66 deg) である．

3 次のベジエ曲線の場合には，$\alpha = 2, 3, 4$ に対する最適な形状は図 9.10 のようになる．このような計量を用いて，船舶やリブ付きシェルの形状最適化を行う試みがなされている [58]．

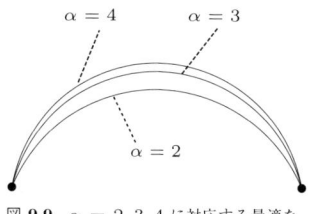

図 **9.9** $\alpha = 2, 3, 4$ に対応する最適な円弧

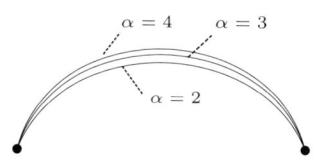

図 **9.10** $\alpha = 2, 3, 4$ の場合の最適なベジエ曲線

## 第6節　トラスの節点位置最適化

　節点位置最適化問題は，図9.11に示すように，節点座標を連続変数と考え，定められた制約条件の下で最適な節点位置を求める問題である．設計変数が連続変数であるから，第6章で示したような**形状感度解析**を行うことができれば，最適形状は非線形計画法の適切なアルゴリズムを用いて求められる．この過程では，節点の重複や部材の交差を防ぐため，図9.11に示すように，節点座標には通常許容範囲が与えられる．したがって，トポロジーは初期設計解から変化しない．

　ところで，力学的制約条件のもとで形状最適化を行うと，得られた最適設計解は，デザインの観点からは決して最適とはいえないものとなることが多い．そこで，以下では，図9.12に示すような三角形ユニットからなるアーチ状2層平面トラスを対象とし，**ベジエ曲線**を用いて形状の滑らかさを保って最適形状を求める手法の概要を紹介する．詳細については，文献[54]を参照されたい．

　$t$ をパラメータとした $n$ 次のバーンスタイン基底関数 $B_i^n(t)$ を用い，下層節点を定めるための曲線を次のように与える．

$$\boldsymbol{P}_L(t) = \sum_{i=0}^{n} \boldsymbol{R}_i B_i^n(t) \tag{9.41}$$

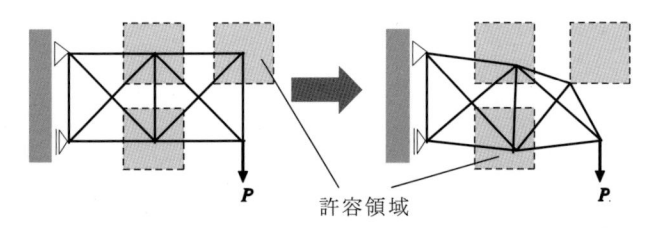

図 9.11　節点位置最適化

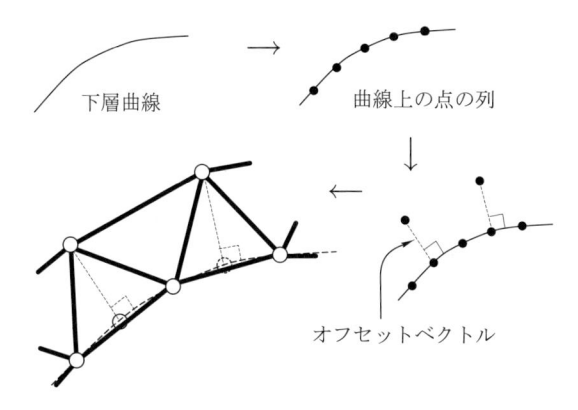

図 9.12 アーチ状平面トラスの節点形成過程

アーチやシェル構造物では，中央線（面）の形状のみ定めればよいから，ベジエ曲線・曲面などのパラメトリック曲線・曲面を用いて容易に形状を表現できる．しかし，トラスでは，曲線上に節点位置を定めなければならない．

下層節点を定義するためのパラメータ列を $\{t_j^L\}$ とすると，下層節点座標 $\bm{p}_j^L$ は次式で定められる．

$$\bm{p}_j^L = \sum_{i=0}^n \bm{R}_i B_i^n(t_j^L) \tag{9.42}$$

一方，上層節点座標 $\bm{p}_j^U$ は，下層曲線上の点を定めるパラメータ値 $t_j^U$ を与え，図 9.12 に示すように単位法線ベクトル $\bm{n}(t_j^U)$ と指定オフセット量 $\bar{d}$ を用いて

$$\bm{p}_j^U = \bm{P}_L(t_j^U) + \bar{d}\bm{n}(t_j^U) \tag{9.43}$$

で定義する．

例として，地震荷重が作用したときの応答ひずみに関する制約の下で，図 9.13 に示すようなアーチ状のトラスの最適形状と最適部材断面積を求めた．ここで，断面積についても，滑らかな分布とするためベジエ曲線

上層節点をベジエ曲線で定め，下層節点をオフセットベクトルを用いて定めてもよい．

図 **9.13** デザイナーによって与えられた目標形状とその定義多角形

を用いた．詳細は文献 [54] に示したとおりであり，節点位置と断面積を 5 次のベジエ曲線を用いて定義する．設計変数は，下層曲線と断面積を定める定義多角形の頂点ベクトルであり，それらをまとめて $\boldsymbol{X}$ で表す．最適化には逐次 2 次計画法に基づく IDESIGN Ver. 3.5 [59] を用いた．

トラスの対称性を考慮すると，設計変数の数（$\boldsymbol{X}$ の成分数）は 13 である．それに対し，すべての断面積と節点座標成分を独立変数とすると，対称性を考慮しても，未知数となる断面積数は 40，節点の座標成分数は 39 であるから，ベジエ曲線を用いることにより変数の数を大きく低減できることがわかる．また，すべての断面積と節点座標成分を独立変数とすると，滑らかな形状および断面積分布が得られない場合が多いので，ベジエ曲線を用いることは，計算負荷を低減するという目的に加えて，現実的な最適解を得るためにも重要である．

いま，デザイナーにより望ましい形状（目標形状）が図 9.13 に示すように与えられたものとする．ここで，細線は部材配置，太線は定義多角形である．最適化問題を定義するための目的関数 $C(\boldsymbol{X})$ は，目標形状からの形状偏差量 $G(\boldsymbol{X})$ と全部材質量 $W(\boldsymbol{X})$ の重み付き和として次式で与える．

$$C(\boldsymbol{X}) = \beta_1 G(\boldsymbol{X}) + \beta_2 W(\boldsymbol{X}) \tag{9.44}$$

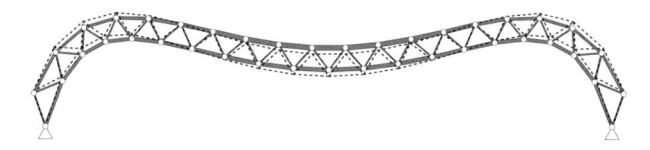

図 9.14　形状に関する要求を重視したときの最適形状

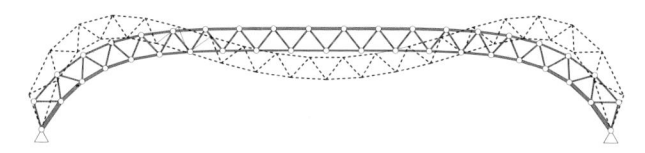

図 9.15　部材質量最小化を重視したときの最適形状

ここで，$\beta_1, \beta_2$ は重み係数である。

　形状偏差量を小さくすることを重視した場合，すなわち $\beta_1$ が $\beta_2$ と比べて十分に大きい場合の最適形状を図 9.14 に示す。ここで，点線は目標形状である。ここで，部材の幅は断面積に比例している。この図より，中央付近の上下弦材の断面積を大きくすることが有効であることがわかる。また，全部材質量は 1309.9 kg である。

　次に，部材質量を小さくすることを重視した場合，すなわち $\beta_2$ が $\beta_1$ と比べて十分に大きい場合の最適形状を図 9.15 に示す。この場合には，形状は目標形状とはかけ離れたものとなり，中央部のライズを大きくすることが有効であることがわかる。全部材質量は 608.55 kg であり，形状を重視した場合の半分以下となっている。

　このように，ベジエ曲線を用いると，少ない設計変数で，形状の滑らかさを保ちながら，最適な形状と部材断面積を求めることができる。

Chapter 10
Metaheuristics

# 10章 メタヒューリスティックス

組合せ最適化については，数理計画法の種々の手法が試みられてきた。しかし，第4章でも紹介したように，多くの組合せ最適化問題は厳密な最適解を求めることが困難であり，したがって，応用の立場から，近似最適解を簡単に構成する発見的解法(ヒューリスティックス)の研究が中心になってきた。また，人工知能，エキスパートシステム，ニューラルネットワーク，ファジイシステムなどの新しい道具の利用も近年盛んに試みられている。

また最近では，遺伝的アルゴリズム，シミュレーティド・アニーリング，タブー探索法などの新しい解法が注目を集め，建築分野を含む数多くの応用分野で適用され，成功を収めている。これらの解法は，**メタヒューリスティックス** (metaheuristics, メタ戦略ともいう)，あるいは**モダンヒューリスティックス** (modern heuristics) と総称されている。

対象とする組合せ最適化問題の近似解 $x$ がある適当な方法で得られたとする。メタヒューリスティックスは，この近似解を初期解としてさらに改良するための枠組である。その基本は**局所探索法** (local search) にある。解 $x$ を少し変形して得られる解の集合を $x$ の近傍と呼び，$N(x)$ と記す。局所探索法は，$N(x)$ 内に $x$ より良い解があればそれを置き換えるという操作を可能な限り繰り返す (図 10.1)。得られた解は，近傍内での局所最適解であり，大域的な最適解という保証はない。

一般に局所探索法は強力であるが，未探索の領域にもっと優れた解があるという可能性が残る。この点を改善するために，

- さまざまな初期解を試みる
- 探索に確率的動作を導入する
- 現在の解より悪い解への移動も可能にする
- 複数の候補解を保持する

などの戦略がある。いずれも局所最適解からの脱出を試みるための戦略であり (図 10.2 参照)，生物進化や物理現象にアナロジーをもつものが多い。

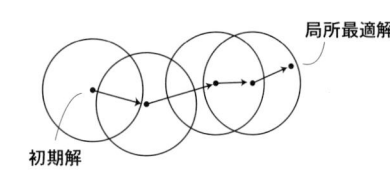

図 10.1 局所探索法と局所最適解

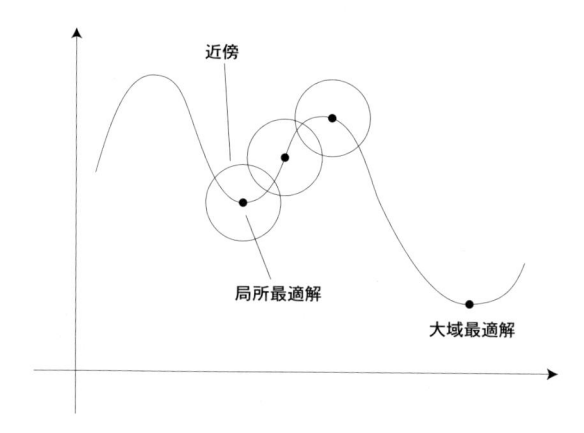

図 10.2　局所最適解からの脱出

　本章では，このようなメタヒューリスティックスの諸手法について述べ，建築分野への応用についても紹介する。

# 第1節　遺伝的アルゴリズム

**遺伝的アルゴリズム** (Genetic Algorithm, 以下 GA と略す) とは，生物進化 (選択，淘汰，突然変異) の原理を模倣したアルゴリズムで，確率的探索・学習・最適化の一手法である．Holland [60] によって 1975 年にはじめて導入されたといわれている．GA の基本的考え方はダーウィンの自然淘汰説に基づいている．生物は親から子へと遺伝子が引き継がれ，周りの環境への適応度に応じて，適応度の低い個体は自然淘汰される．GA では親から子が生まれることを**交叉** (crossover) と呼ぶ．世代を経るにつれ，交叉と自然淘汰を繰り返して，適応度の高い個体からなる全体の個体群となる．生物の進化はこのような交叉と自然淘汰だけでなく，**突然変異** (mutation) による進化もある．この突然変異によって個体全体 (種) の多様化が進み，環境の変化に対応可能となる．このような考え方をもとに遺伝的アルゴリズムが構成されている．

　GA を組合せ最適化問題に応用すると，つぎのようになる．問題の実行可能解の一つが生物の**個体** (individual) に対応している．各個体は**遺伝子列** (string) で表現され，それを**染色体** (chromosome) という．GA では遺伝子列は 0, 1 のビット列で表すことが多い．最大化の場合，適応度は目的関数値自身か，目的関数値の単調増加関数で表し，これを適応度関数という．GA は常に複数の実行可能解の集合を保持している．これが**個体群**に対応し，個体群は**人口** (population) とも呼ぶ．交叉は現在の個体群から二つの個体を選んで，それをもとに新しい個体を生成する操作である．突然変異は一つの個体からその遺伝子列の一部を変更して新しい個体を生成する操作である．現在の個体群から適応度関数に従って淘汰を行い，選択された個体に対して交叉，突然変異によって新しく個体群を生成する．生き残った個体群をもとに，このプロセスを繰り返し，定常状態に到達するか，あるいは十分の世代数を経るまで上記

のプロセスを繰り返す．通常，各世代での個体数 (人口数) は一定値のままである．以上の GA は単純 GA とも呼ばれる．

GA をアルゴリズムとして実現するには，問題の解の遺伝子列による表現方法，交叉，突然変異，淘汰の実現方法を具体化しなくてはいけない．これについては，以下で詳述する．

1. **遺伝子列による表現方法:**
   問題の解 (個体) を遺伝子列を用いて表現することを**コーディング** (coding) という．遺伝子列の基本要素は**遺伝子** (gene) である．ある遺伝子の遺伝子列における位置を**遺伝子座** (locus) という．通常，この遺伝子列による表現を**遺伝子型** (genotype) と呼び，遺伝子型をわれわれの理解できる形にしたものを**表現型** (phenotype) という．遺伝子型から表現型への変換を**デコーディング** (decoding) という．

   たとえば，ナップザック問題の場合，解は 0-1 ベクトル表現されるのでこれが表現型である．この場合，遺伝子型も表現型をそのまま用いたらよい．巡回セールスマン問題の場合は，訪問する都市を文字列として並べたものが表現型である．これを遺伝子型として表現する方法については，以下で述べる交叉や突然変異と関連するので，後述する．

2. **交叉:**
   個体の組ごとにある一定の確率 (**交叉確率**という) で，交叉を実行する．交叉はランダムに交叉位置を決定して，二つの個体間で染色体を組み換えることによって新しい個体を生成し，両方の親の優れた部分形質 (building block あるいは schema) を組み合わせて，子に継承する．交叉確率は 0.6 から 0.8 の間がよいとされているが，理論的根拠はない．

   (a) **単純交叉 (simple crossover)**
       一つの交叉位置の前後でどちらの親の遺伝子を受け継ぐかを変え

る方法であり，1 点交叉 (one-point crossover) とも呼ばれる。
(b) **複数交叉 (multipoint crossover)**　複数の点で交叉を行う方法である。
(c) **一様交叉**
　　マスクのビットが 0 か 1 によって，どちらの親の遺伝子を受け継ぐかを選択する方法である。

表 10.1～10.3 に 1 点交叉，2 点交叉，一様交叉の例を示す。表 10.3 の場合，マスクのビットが 0 なら子 1 は親 1 の遺伝子を受け継ぎ，子 2 は親 2 の遺伝子を受け継ぐ。マスクのビットが 1 の場合はその逆である。

表 10.1　1 点交叉の例

| 親 1 | 110 \| 1111 | ⇒ | 子 1 | 110 \| 1000 |
|---|---|---|---|---|
| 親 2 | 011 \| 1000 | | 子 2 | 011 \| 1111 |

表 10.2　2 点交叉の例

| 親 1 | 10 \| 1110 \| 1 | ⇒ | 子 1 | 10 \| 1001 \| 1 |
|---|---|---|---|---|
| 親 2 | 01 \| 1001 \| 0 | | 子 2 | 01 \| 1110 \| 0 |

表 10.3　一様交叉の例

| マスク | 011100 |
|---|---|
| 親 1 | 001101 |
| 親 2 | 111000 |
| 子 1 | 011001 |
| 子 2 | 101100 |

3. **突然変異:**

    染色体のある遺伝子座ごとにある一定の確率 (**突然変異確率**) で，その値を異なる値に置き換えて，新しい個体を生成する．特に，染色体が 0, 1 のビット列で表現されている場合，0 を 1 に，1 を 0 に置き換える．

    突然変異は，遺伝子を一定の確率で変化させる操作であり，局所的なランダムサーチの一種とみなされる．また，集団の多様性を維持するためにも必要である．突然変異確率は非常に小さい値である．人口数を $n$ とすると，突然変異確率は $1/n$ が適当であるとする研究も存在するが，理論的根拠は明快ではない．突然変異確率が高いと，交叉によって形成された良好な形質が破壊される確率が高くなり，単なるランダムサーチとなる．突然変異確率は一般に全世代にわたり同一であるが，変異率を動的に変化させる**適応変異** (adaptive mutation) もある．

4. **淘汰:**

    淘汰は，一般的に適応度の高い個体を選択するのだが，個体群の多様性を維持するために，適応度の低い個体もある確率で残すためのさまざまな戦略が提案されている．ルーレット戦略，ランキング戦略，トーナメント戦略，エリート戦略が代表的な戦略である．

    (1) **ルーレット戦略:** 各個体をその適応度に比例する確率で次世代に残す．個体 $i$ の適応度を $f_i$ とすると，選択される確率 $p_i$ は次式で与えられる．

    $$p_i = f_i / \sum_i f_i \tag{10.1}$$

    したがって，適応度の大きい遺伝子が集団中に広がっていく．

    (2) **ランキング戦略:** 個体群を適応度の高い順にランキングし，各ランクごとにあらかじめ定めた確率で個体を次世代に残す．ランキング戦略によると，早期に適応度の大きい個体 (超個体，

super individual) に収束することを防止でき，最終段階で最適解への収束を加速することができる．

(3) **トーナメント戦略:** 個体群の中からあらかじめ定めた個数 (2 個とすることが多い) の個体をランダムに選択し，その中で最も適応度の高い個体を次世代に残す．これを次世代に残したい数の個体が選ばれるまで繰り返す．

(4) **エリート戦略:** 最も適応度の高い個体を強制的に次世代に残す．この場合，最良の解が交叉や突然変異で破壊されないが，エリート個体が集団中に急速に広がる可能性が高いため，局所最適解に陥る危険性もある．

5. **コード化上の問題点:**

表現型で規定される実行可能 (許容) な解の集合を問題空間，遺伝子型で規定される空間を GA 空間と呼ぶことにする．また，一つの個体が 1 回の突然変異によって遷移し得る空間を突然変位近傍，1 回の交叉で遷移し得る空間を交叉近傍と呼ぶことにする．このとき，突然変位近傍は局所的であるのに対し，交叉近傍は二つの個体によって規定されるのでより大域的である．交叉による大域的探索能力は創発的振舞いをもたらすとされている．

制約条件を満足せず，実行可能でない表現型に対応する遺伝子を**致死遺伝子**という．コード化が不適切であれば，二つの実行可能解に対応する遺伝子から交叉によって得られる遺伝子は，致死遺伝子となる可能性がある．また，致死遺伝子でなくても，交叉によって得られた遺伝子は，表現型に戻すと，たとえ二つの親が類似していても両方の親からかけ離れた解となる可能性もある．不適当な解が生成される可能性が高いと，GA の性能はランダムサーチより劣ることになる．コード化の評価基準としては，次の三つが挙げられる [61]．

(a) 完備性 (completeness)

問題空間の解候補はすべて染色体として表現できる．

(b) 健全性 (soundness)

GA 空間上の染色体はすべて問題空間の解候補に対応づけられる。

(c) 非冗長性 (nonredundancy)

染色体と解候補は 1 対 1 に対応づけられる。

交叉の評価基準としては，親の形質が子に適切に継承されること (形質遺伝性，character preservingness) が挙げられる。

たとえば，**巡回セールスマン問題**において，巡回する都市を並べた**パス表現**では致死遺伝子が生じる可能性が高い (図 10.3)。図 10.3 のように交叉で得られる子のパス表現において，同じ都市が 2 回以

```
親A    a, b, c, h, f    j, g, d, i, e
親B    a, b, i, j, h    g, f, d, e, c
              ↓ 交叉
子1    a, b, c, h, f    g, f, d, e, c
子2    a, b, i, j, h    j, g, d, i, e
```

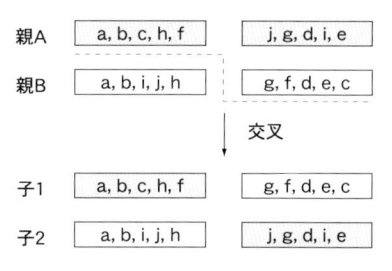

図 **10.3** パス表現が致死遺伝子を発生させる例

上含まれる場合が容易に発生する。一方，次に巡回する都市が残りの都市のリストの中で何番目に相当するかの番号を並べた**順序表現**では致死遺伝子は発生しない (図 10.4)。図 10.4 の親 A,B の表現に対応する巡回路は図 10.5 のとおりで，親 A,B から交叉で得られ

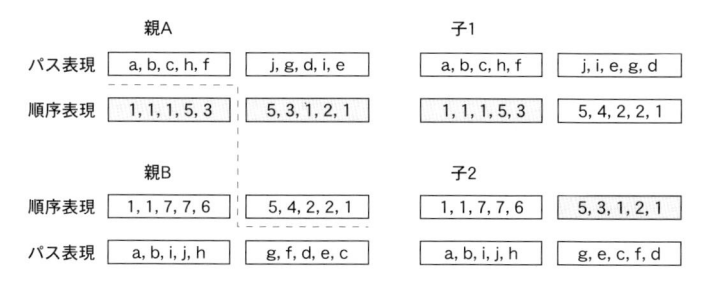

```
             親A                            子1
パス表現   a, b, c, h, f   j, g, d, i, e    a, b, c, h, f   j, i, e, g, d
順序表現   1, 1, 1, 5, 3   5, 3, 1, 2, 1    1, 1, 1, 5, 3   5, 4, 2, 2, 1

             親B                            子2
順序表現   1, 1, 7, 7, 6   5, 4, 2, 2, 1    1, 1, 7, 7, 6   5, 3, 1, 2, 1
パス表現   a, b, i, j, h   g, f, d, e, c    a, b, i, j, h   g, e, c, f, d
```

図 **10.4** 順序表現による 1 点交叉

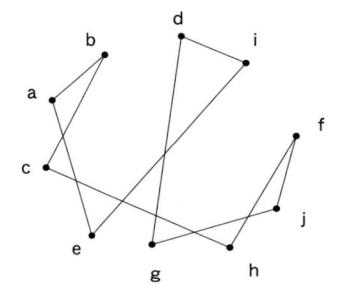

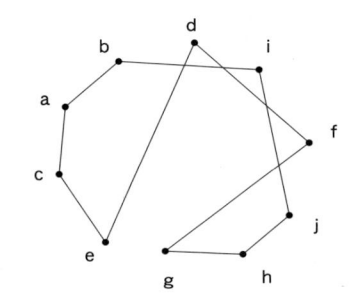

親A(a,b,c,h,f,j,g,d,i,e)   親B(a,b,i,j,h,g,f,d,e,c)

図 10.5　図 10.4 の親 A, B が表す巡回路

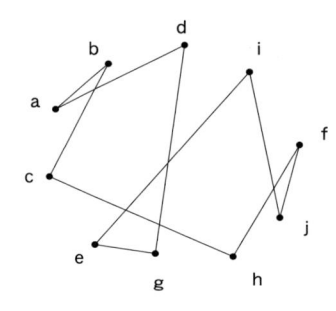

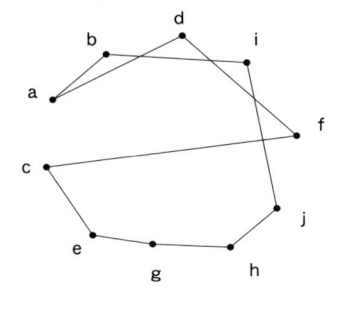

子1(a,b,c,h,f,j,i,e,g,d)   子2(a,b,i,j,h,g,e,c,f,d)

図 10.6　図 10.4 の順序表現による子 1, 2 が表す巡回路

る子 1, 2 に対応する巡回路は図 10.6 のとおりである。

## 第2節　シミュレーティッド・アニーリング

　シミュレーティッド・アニーリング (simulated annealing(SA)，模擬焼きなまし法ともいう) は，焼きなまし過程という物理現象のアナロジーから生まれた探索手法で，探索に確率的要素を積極的に取り入れている。探索過程において温度 $t$ と呼ばれるパラメータを用いて挙動を制御する。初期時点では $t$ は高い値に設定しておくが，徐々に下げて 0 に近づけていく。温度パラメータ $t$ は，初期段階では積極的に悪い解であっても探索することを許し，最終段階の近くではそれをあまり許さないようにするために用いる。

　いま，組合せ最適化問題の評価関数を $f(\bm{x})$ とし (最小化問題を考えるものとする)，近似解 $\bm{x}$ が与えられているとする。シミュレーティッド・アニーリングは，$\bm{x}$ における近傍 $N(\bm{x})$ からランダムに一つの解 $\bm{y}$ を選び，$f(\bm{x})$ と $f(\bm{y})$ を比較する。$\Delta = f(\bm{y}) - f(\bm{x})$ とし，$\Delta < 0$ なら，より良い解が得られたので無条件に $\bm{x} := \bm{y}$ として探索を続ける。一方，$\Delta > 0$ なら，確率 $e^{-\Delta/t}$ で $\bm{x} := \bm{y}$ とする。アルゴリズムは，探索の過程でそれまでに得られた最良解を暫定解として保持している。アルゴリズムを正確に記述すると図 10.7 のようになる。

　次に近傍の作り方について述べよう。例として無向ネットワーク上の**巡回セールスマン問題**を取り上げる (図 10.8)。現在の巡回路 $\bm{x}$ 上の二つの枝 $e_1 = (u,v), e_2 = (p,q)$ を適当に選ぶ (ただし，巡回路は $u,v,p,q$ の順に訪問するとする)。このとき，$e_1, e_2$ の代わりに，$e_3 = (u,p), e_4 = (v,q)$ を用いて新しい巡回路を構成する (図 10.8)。このようにしてできる巡回路は $\bm{x}$ の近傍の一つの要素で，$\bm{x}$ の近傍は，$e_1, e_2$ の選び方を変えて上の手続きで得られる巡回路全体に等しい。この近傍は巡回セールスマン問題に対する 2-*opt* 近傍と呼ばれる。2-*opt* 近傍の自然な拡張として 3-*opt* 近傍もある (図 10.8)。

> **シミュレーティッド・アニーリング**
> **初期設定:** 初期温度 $t$, 最終温度 $t_0(>0)$, 反復回数 $L$,
> 温度減少率 $\gamma(0<\gamma<1)$, $x :=$ 適当な実行可能解とし,
> 暫定解 $x^*$ を $x$ とする.
> **for** $k = 1$ **to** $L$
>     $N(x)$ からランダムに一つの解 $y$ を選ぶ.
>     $\Delta = f(y) - f(x)$ とし, $\Delta < 0$ なら, $x := y$ とする.
>     $\Delta > 0$ なら, 確率 $e^{-\Delta/t}$ で $x := y$ とする.
>     $f(y) < f(x^*)$ なら $x^* = y$ とする (暫定解を $y$ に更新).
> **end**
> 暫定解 $x^*$ を出力する

図 10.7 シミュレーティッド・アニーリング

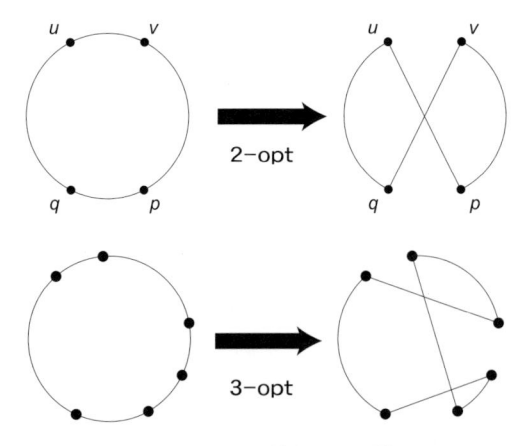

図 10.8 $2\text{-}opt$ 近傍と $3\text{-}opt$ 近傍

## 第3節　タブー探索法

**タブー探索法** (tabu search) は，Glover によって初めて提案された手法である [62, 63]。Tabu(Taboo とも綴る) とは「禁断」を意味し，探索の過程で前に通過した地点に戻ることを避けるための記憶を**タブーリスト** (tabu list) と呼ばれるリストに保持しておくことから，この名前がつけられた。タブー探索法では，近傍からタブーリスト $TL$ の中の解を除いた中で最もよい解へ移動する。そのための関数 $move(\boldsymbol{x})$ を以下のように定義する。

$$move(\boldsymbol{x}) = \{\boldsymbol{x}' \mid f(\boldsymbol{x}') \leq f(\boldsymbol{y}), \boldsymbol{y} \in N(\boldsymbol{x})\}$$

タブーリストはあらかじめ定められた個数の解しか保持しない。これを用いるとタブー探索法は図 10.9 のように書ける。

---

**タブー探索法**
**初期設定:** 反復回数 $K$, $TL := \emptyset$, $length := TL$ の最大長，
暫定解 $\boldsymbol{x}^*$ を $\boldsymbol{x}$ とし，$\boldsymbol{x} :=$ 適当な実行可能解とする。
**for** $k = 1$ **to** $K$
　　$|TL| = length$ なら，$TL$ 中の最も古い解を $TL$ から除く。
　　$TL$ に $\boldsymbol{x}$ を加える。
　　$\boldsymbol{x} := move(\boldsymbol{x})$ とする。
　　$f(\boldsymbol{x}) < f(\boldsymbol{x}^*)$ なら $\boldsymbol{x}^* = \boldsymbol{x}$ とする (暫定解を $\boldsymbol{x}$ に更新)。
**end**
暫定解 $\boldsymbol{x}^*$ を出力する

図 10.9　タブー探索法

---

これに加えてタブーリストの長さを状況に応じて変化させ，より大域的探索を可能にするなど，さまざまな変形が提案されている。

## 第4節　メタヒューリスティックスの性能比較

　メタヒューリスティックスは実際にいろいろな応用場面で適用されて成果を上げているが，どのアプローチが有効か，という疑問があると思われる．本章で示したのは，基本的枠組だけであるので，実際に適用するときは，細部のパラメータの決定などさまざまな要素を決定しなくてはいけない．したがって，どれが一番優れているのかという結論は出しにくい．現在では，いろいろなメタヒューリスティックスのよい部分を組み合わせたハイブリッド型の解法も多く提案されている．たとえば，遺伝的アルゴリズムにおいて各世代で選択された個体に対して局所探索を行って改良を加えるという方法 (遺伝的局所探索法と呼ばれる) がある．

　問題に応じた専用のヒューリスティック解法というのは，組合せ最適化問題の長い研究の歴史で多く提案されている．たとえば，巡回セールスマン問題に対する Lin and Kernighan の方法 (LK法) はその代表であろう．これは非常に精度の高い近似解を出力することで知られているが，問題によっては汎用のメタヒューリスティックスが LK 法を上回る性能の解を出すとの報告もある．メタヒューリスティックスはその手軽さのゆえに，組合せ最適化問題の非専門家でも容易に利用できるという点が最大の長所であろう．

## 第5節　遺伝的アルゴリズムの応用例

本節では，遺伝的アルゴリズムによるトラスのトポロジー最適化への応用について述べる。ここで紹介する応用例は Ohsaki [46] によるものである。静的載荷時の応力および変位に関する制約条件下でのトラスの**トポロジー最適化**で，目的関数は部材コスト（体積に比例する）と節点コストの和を最小化するものである。トラスの構造解析については 6〜8 章を参照すること。静的載荷時の応力および変位に関する制約条件下でのトラストポロジー最適化問題に対しては，これまでに多くの手法が提案されている [41, 64, 65]。それらの手法のほとんどは，**グランドストラクチャ法** (ground structure method) と呼ばれるもので，多くの存在可能な部材を有する節点位置の固定されたトラスから不要な部材を取り除き，最適トポロジーを得るものである。その細部については第 8 章を参照されたい。

トラスのコストを考える場合，**節点コスト**も重要である。節点のコストは通常，**部材コスト**と同程度と考えられる。一つの節点に接続するすべての部材の断面積が 0 なら，その節点は不要である。しかし，その節点に微小断面積の部材が一つでもつながっていると節点コストを考慮する必要がある。したがって，節点コストはその節点に接続する部材断面積の連続関数とはならない。これも問題を難しくする要因である。

したがって，本来この問題は連続変数と離散変数を共に有する**混合整数計画問題**であり，効率よく解けそうにない。GA はこのようなタイプの問題にも適用可能である。以下では，まず問題を定式化し，続いて GA による取り扱い方法について述べる。最後に例題を通して，GA の有効性を検証する。

## 5.1 トポロジー最適化問題

部材断面積ベクトルを $\boldsymbol{A}$ とする。$n$ 個の載荷条件を考え，$\boldsymbol{A}$ とは独立な第 $j$ 荷重ベクトルを $\boldsymbol{P}_j$，それに対する変位ベクトルを $\boldsymbol{U}_j(\boldsymbol{A})$ とすると，$\boldsymbol{U}_j(\boldsymbol{A})$ は次の剛性方程式により求められる。

$$\boldsymbol{K}(\boldsymbol{A})\boldsymbol{U}_j(\boldsymbol{A}) = \boldsymbol{P}_j \qquad (j=1,2,\ldots,n) \qquad (10.2)$$

ここで，$\boldsymbol{K}(\boldsymbol{A})$ は剛性行列である。部材数を $m$，第 $i$ 部材の応力－変位関係を定める定数行ベクトルを $\boldsymbol{d}_i$ とすると，$\boldsymbol{P}_j$ が作用したときの第 $i$ 部材の応力 $\sigma_{ji}$ は次式で与えられる。

$$\sigma_{ji} = \boldsymbol{d}_i \boldsymbol{U}_j(\boldsymbol{A}) \qquad (i=1,2,\ldots,m;\ j=1,2,\ldots,n) \qquad (10.3)$$

**応力制約条件**は，$A_i > 0$ の部材のみ満たさなくてはならないから次のような式になる。

$$A_i > 0 \text{ のとき } -\bar{\sigma}_i \leq \sigma_{ji} \leq \bar{\sigma}_i \qquad (i=1,2,\ldots,m;\ j=1,2,\ldots,n) \qquad (10.4)$$

ここでの目的は，応力制約の下での最適トポロジーを求めることであるが，後述のように，部材が一つも存在しなくてもよいという非現実的な解が得られることを防ぐため，仮の変位制約を導入する。$\boldsymbol{U}_j(\boldsymbol{A})$ の第 $k$ 成分を $u_{jk}$ とすると，**変位制約条件**は次のように書ける。

$$-\bar{u}_j \leq u_{jk} \bar{u}_j \qquad (j=1,2,\ldots,n;\ k=1,2,\ldots,f) \qquad (10.5)$$

ここで，$f$ は変位の自由度である。

第 $i$ 部材の部材長を $L_i$，単位体積当たりのコストを $c_i$ とする。さらに第 $k$ 節点のコストを $b_k(\boldsymbol{A})$ とする。$b_k(\boldsymbol{A})$ は，第 $k$ 節点に接続する部材の断面積の最大値 $a_k(\boldsymbol{A})$ が 0 であれば 0 であり，そうでなければ，$i$ によらず一定値 $\bar{b}$ であるとすると，$b_k(\boldsymbol{A})$ は次式で定まる。

$$\begin{aligned} a_k(\boldsymbol{A}) > 0 \text{ なら} \quad & b_k(\boldsymbol{A}) = \bar{b} \\ a_k(\boldsymbol{A}) = 0 \text{ なら} \quad & b_k(\boldsymbol{A}) = 0 \end{aligned} \qquad (k=1,2,\ldots,h) \qquad (10.6)$$

ここで，$h$ は節点数である．以上より**コスト関数** $C(\boldsymbol{A})$ は

$$C(\boldsymbol{A}) = \sum_{i=1}^{m} c_i A_i L_i + \sum_{k=1}^{h} b_k(\boldsymbol{A}) \tag{10.7}$$

と与えられ，トポロジー最適化問題は制約条件 (10.4),(10.5) の下で，コスト関数 (10.7) を最小化するような部材断面積ベクトル $\boldsymbol{A}(\geq 0)$ を求める問題となる．

### 5.2 GAによるトポロジー最適化アルゴリズム

各部材 $i$ に対してその部材が存在するかどうかを表すビット $B_i$ を用意する．これとは別に断面積 $A_i$ を $l$ ビットで表現する．合計 $l+1$ ビットで部材を表現する．ただし先頭ビットが $B_i$ とする．実際には単位断面積を $A^0$ とし，これを乗じた値を断面積とするのだが，ここでは簡単のため $A^0 = 1$ とする．たとえば，$l = 4$ とすると，01001 は $A_i = 9, B_i = 0$ を表し，$A_i > 0$ であるが，部材 $i$ は存在しないものとする．10000 の場合も $B_i = 1$ であるが，$A_i = 0$ なので部材 $i$ は存在しないことを意味する．初期解生成において，確率 $P^e$ で $B_i = 1$ かどうかを定める．存在しない部材に対しても，解析の都合上，その断面積にあらかじめ指定した微小値 $\bar{A}$ を与え，最適化で得られた解からその部材を取り除く．適応度関数は次式で定める．

$$\begin{aligned}
V &= N_0 - C(\boldsymbol{A}) - \sum_{j=1}^{n} \left\{ \sum_{k=1}^{f} d_{jk}^u + \sum_{i=1}^{m} d_{ji}^s \right\} \\
&= N_0 - \sum_{i=1}^{m} c_i (A_i L_i) - \sum_{k=1}^{h} b_k \\
&\quad - \sum_{j=1}^{n} \left\{ \sum_{k=1}^{f} d_{jk}^u + \sum_{i=1}^{m} d_{ji}^s \right\}
\end{aligned} \tag{10.8}$$

ここで $N_0$ は適応度が負にならない程度の十分大きい数とする．ここ

で扱っているのは最小化問題であるので，適応度関数は目的関数値に関する減少関数であれば，上の式以外の関数でも差し支えない。ただし，(10.8) の最後の項は制約条件が満足されないときの**ペナルティ**であり，正のパラメータ $N$ と $\alpha$ を用いて

$$\begin{aligned} d_{jk}^u &= N + \alpha \left(1 - \frac{|u_{jk}|}{\bar{u}_j}\right)^2 \\ d_{ji}^s &= N + \alpha \left(1 - \frac{|\sigma_{ji}|}{\bar{\sigma}_i}\right)^2 \end{aligned} \quad (10.9)$$

で定義する。制約条件が満たされるときは，$d_{jk}^u, d_{ji}^s$ は 0 と定義する。ペナルティは，制約条件を満たさない度合に応じて単調増加するように定めておけばよいので，この定義式以外のペナルティの与え方もある。

淘汰は**ランキング戦略**で行う。人口数を $s$ とすると，$s/2$ 組の親を決定し，適応度によって各個体のランクを決定し，あらかじめ各ランクによって定めた確率で子孫を残すようにする。その確率は以下のように定める。個体 $i$ のランクを $r_i$ とし，

$$V_j = (r_j - s)^2 \quad (10.10)$$

とすると，

$$P_i = V_j \left/ \sum_{k=1}^{s} V_k \right. \quad (10.11)$$

を個体 $i$ が残る確率とする。ここで述べた方法以外にも $P_i$ の定め方はいくつかある。

## 5.3 例題

第 8 章と同様の 3 部材トラスを用いてアルゴリズムの検証を行い，20 部材のトラスで本手法の有効性を検討しよう。以下の例題で，$\bar{A} = 0.01\mathrm{cm}^2$，$l = 6$，$N_0 = 1000.0$，$N = 100.0$，$P^c = 1$，弾性係数を 205.8GPa とし，交叉には単純交叉を用いた。

表 10.4 3 部材トラスの載荷条件

|      | $F_x$    | $F_y$     |
|------|----------|-----------|
| 荷重 1 | 282.843  | $-282.843$ |
| 荷重 2 | $-141.421$ | $-141.421$ |
| 荷重 3 | 0.0      | 300.0     |

### 3 部材トラス

図 10.10 のトラスに対して応力制約条件下での最適トポロジーを求め，文献 [44] の結果と比較する．応力の上限値 $\bar{\sigma}_i$ は，部材 1,3 に対しては 0.49MPa，部材 2 に対しては 1.96MPa である．その他のパラメータは，$A^0 = 0.5\mathrm{cm}^2$, $s = 20$, $c_i = 0.0001\mathrm{cm}^{-3}$, $P^m = 0.02$, $P^e = 0.75$ であり，この例題では節点コストを考えていない．

最適化の段階で $A_i = 0$ あるいは $B_e = 0$ となった部材に対しては微小な断面積を与えるため，不安定に近いトラスが現れることが多い．たとえば，すべての部材で $A_i = \bar{A}$ となった場合，応力制約条件を満たす必要はなく，部材コストは微小であるので，トラスの適応度は $N_0$ に近い値となる．しかし，このトラスの節点変位は非常に大きい値となる．そこで，仮の変位制約条件 ($\bar{u}_j = 1.0\mathrm{cm}$) を導入し，このような意味のない最適解が得られることを防ぐ．

表 10.4 に示すような三つの載荷条件を与えたときの最適トポロジーにおいて，部材 3 は存在しない．残りの部材の断面積は $A_1 = 8.0\mathrm{cm}^2$, $A_2 = 1.5\mathrm{cm}^2$ であり，文献 [44] の結果と一致する．荷重 3 に対する部材 3 の応力は 20.708MPa であり，このような存在しない部材では仮想の応力は上限値を超えている．

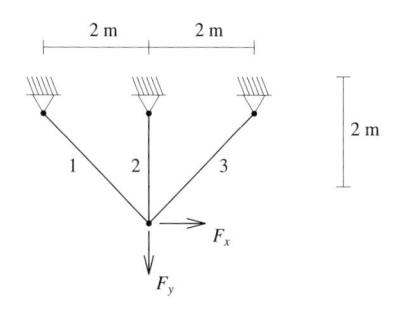

図 10.10 3 部材トラス

### 20 部材トラス

図 10.11 の平面トラスに対して最適トポロジーを求める．表 10.5 のような二つの荷重を与え，パラメータは，$A^0 = 0.5\mathrm{cm}^2$, $s = 150$,

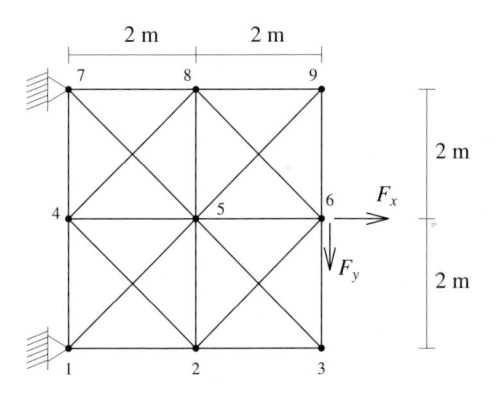

図 10.11 20 部材トラス

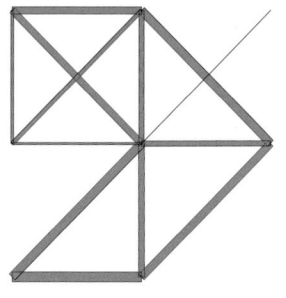

図 10.12 最適トポロジー (Case 1)

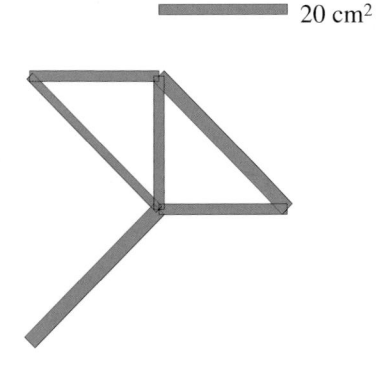

図 10.13 最適トポロジー (Case 2)

表 10.5 20 部材トラスの載荷条件

|  | $F_x$ | $F_y$ |
|---|---|---|
| 荷重 1 | 0.0 | 10000.0 |
| 荷重 2 | 7071.07 | 7071.07 |

表 10.6 20 部材トラスのパラメータ

|  | $\bar{b}$ | $P^e$ |
|---|---|---|
| Case 1 | 0.0 | 1.0 |
| Case 2 | 0.0 | 0.5 |
| Case 3 | 25.0 | 1.0 |
| Case 4 | 25.0 | 0.5 |

$c_i = 0.005 \text{cm}^{-3}$, $P^m = 0.01$ である．応力の上限値は全部材に対して98.0MPaであり，変位の上限値 $\bar{u}_j = 1.0$cm を与える．

表 10.6 に示す四つの場合に対して最適トポロジーを求めた．節点コストは Case 1, 2 では考慮せず，Case 3, 4 では考慮する．部材の存在を表すビットは Case 1,3 では用いず，Case 2,4 では用いる．

Case 1-4 の最適トポロジーを図 10.12〜10.15 に示す．ここでは，部材の幅は断面積に比例するように描いた．また，これらの図では $A_i = \bar{A}$ の部材は取り除いている．

Case 1 では，明らかに不要な部材が節点5と9の間に存在する．これを取り除いた後のコスト $C(\boldsymbol{A})$ は 166.54 である．Case 2 では，$P^e = 0.5$ としていることより，部材数や節点数の少ない最適トポロジーが得られた．最適コストは 163.24 である．この最適解では，いくつかの除去さ

れた部材で応力制約条件が満されていない。

 Case 3 では，節点コストを考慮しているので，Case 1 より少ない節点数となる．最適コストは313.17となった．このうち，全部材コストは163.17である．Case 4 では，節点コストを考慮し，さらに，$P^e = 0.5$ としていることより，Case 3 より部材数や節点数の少ない最適トポロジーが得られた．ここで，Case 2, 4 では，節点5と7を結ぶ部材の断面積のみ異なっている．Case 4 での全コストは，280.46であり，このうち，全部材コストは155.46である．

 Case 3 と Case 4 の場合に対して各世代での適応度の最大値の変化を図10.16に表す．$P^e = 0.5$ とすることで，最適解への収束が加速されていることがわかる．Case 1 と Case 3, Case 2 と Case 4 の結果を比較してみると，全部材コストに関して，それぞれ Case 3 と Case 4 が優れた結果が得られている．この例では，最適解において存在する部材数が初期部材数の1/3以下であるので，$P^e = 0.5$ とすることにより，最適解への収束性が向上することがわかる．また，多くの部材が除去されるため，GA では大域最適解を得ることが困難であるが，節点コストを考慮すると，節点数の減少につながり，部材コストも減少する結果が得られている．

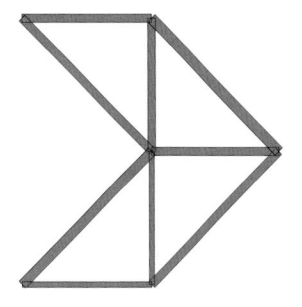

図 **10.14** 最適トポロジー (Case 3)

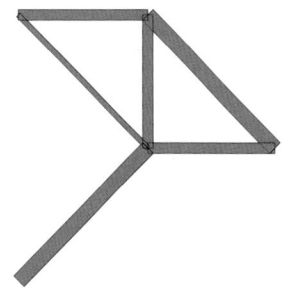

図 **10.15** 最適トポロジー (Case 4)

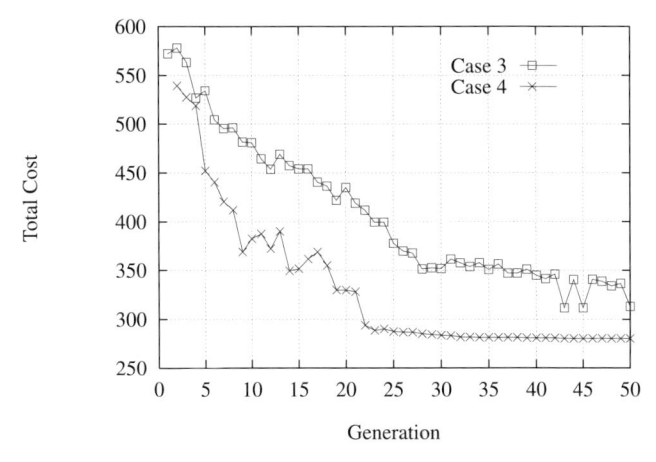

図 **10.16** 最大適応度の変化

Chapter 11
Fuzzy Theory

# 11章 ファジィ理論

## 第1節　ファジィ理論

　工学的な問題では，すべての問題が客観的なデータに基づいて処理されるように考えられがちである．しかし，実際には客観的データばかりではなく，設計者や技術者の経験や主観的判断等を総合的に勘案して処理される場合も多くあると考えられる．従来，このような人間の経験や主観的評価が考慮されることは少なかったが，対象物の形態を決定するような問題では，客観的な処理に加えて，主観的な判断をも含めた問題を解く必要が生じる．このような問題を処理するためには，客観的データばかりでなく，主観的な判断や経験等も同様に，合理的に処理する手法が必要となる．本章では，このような処理を可能とする手法の一つである，**ファジィ理論** (Fuzzy Theory)[66] について，その概要を示す．

　ファジィ理論は，L. A. Zadeh によって 1965 年に提唱された理論である．日本では，1980 年代にファジィ理論の応用の一つであるファジィ制御が，洗濯機や掃除機のような多くの家電製品に導入され，広く一般に知られるようになり，現在では普遍的な技術として用いられている．ファジィ理論は，客観的評価ばかりでなく，人間の有する経験や直感等の主観的評価も合理的に処理することのできる理論である．さらに，ファジィ理論は，考慮すべき要素の種類が多く，客観的評価と主観的評価が混在するような問題，すなわち**多目的最適問題** (multi-objective optimaizing problem) に有効な手法であると考えられる．

　本章では，このような特徴を有するファジィ理論の概要とそれらの簡単な例題を示す．ファジィ理論は，すでにさまざまな工学の分野へ応用されており，すでに多くの文献や参考書等 [67-69] が出版されている．土木分野への応用例として文献 [70] が，建築分野への応用例として文献 [71,72] が，ファジィ制御に関して文献 [73] があるので，具体的な応用例に関しては，これらを参考にしていただきたい．

## 第2節　ファジィ集合

**ファジィ集合** (fuzzy set) は，ファジィ理論の基本となるものである。従来の集合の考え方では，ある要素 x がある集合 A に属する状態は，属する $(x \in A)$ か属さない $(x \notin A)$ かの二通りしか存在しない。一方，ファジィ集合では，要素 $x$ が集合 $A$ に属するかどうかを $[0, 1]$ の中間的な数値を用いて表現する。すなわち，図 11.1 に示すように従来の集合 (**クリスプ集合**，図 11.1(a)) では，集合 A の境界は明瞭なものとなるが，ファジィ集合 (図 11.1(b)) の場合では，集合 A の境界がぼやけた形で表現される。

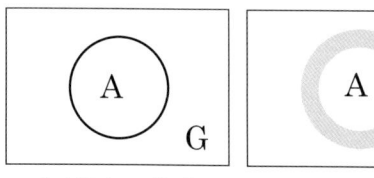

(a) 従来の集合　　(b) ファジィ集合

G：全体集合
A：部分集合

図 **11.1**　従来の集合とファジィ集合の比較

## 第3節　帰属度関数

ファジィ集合において，要素 $x$ が集合 $A$ に属する度合いを**帰属度値** (membership value)，これらの要素を並べたものを**帰属度関数** (membership function) と呼ぶ。

例として，全体集合 $G$ を大学のあるクラスに属する学生の集合とし，その中で背の高い人の集合を $A$ を考える。この場合，従来の集合の考え方では，$x$(身長 (cm)) を用いて以下のように表現 (クリスプ表現) される。

$$A = \{x \mid x \geq 170\,\text{cm}, x \in G\} \tag{11.1}$$

しかし，この場合では，169.9cm の人は集合 $A$ に属さず，170.1cm の人は $A$ に属することになり，通常の人間の感覚とそぐわないものとなる。これに対して，ファジィ集合による表現では次式のように表現する。

$$A = 0/160 + 0.2/165 + 0.6/170 + 0.9/175 + 1/180 \tag{11.2}$$

ここで，たとえば 0.6/170 の 0.6 は身長 170cm(台集合：support set) の人が集合 $A$ に属する帰属度値 (メンバーシップ値) は 0.6 であることを表し，各要素を + でつないで表現し，これが帰属度関数 (membership function) となる。また，(11.2) の補関数は，$A$ の各台集合の値に対する帰属度値を 1 から引くことによって得られる。図 11.2 に，この例の場合の帰属度関数を示す。

(11.2) では離散的に表現された帰属度関数の例を示したが，以下に示すように，連続関数を用いて，帰属度関数を $\mu_A(x)$ のように表現することもできる。

$$\mu_A : G \to [0, 1] \tag{11.3}$$

$$\mu_A(x) \in [0, 1], \quad x \in G \tag{11.4}$$

また，この場合の $\mu_A(x)$ の補集合 $\mu_{\bar{A}}(x)$ は，次式で表される．

$$\mu_{\bar{A}}(x) = 1 - \mu_A(x), \quad x \in X \tag{11.5}$$

(11.2) の離散的帰属度関数を連続関数で表現した例を以下に示す．

$$A = \mu(x), \begin{cases} \mu x = \dfrac{1}{2}\left\{\cos\left(\pi\dfrac{x-160}{20} - \pi\right) + 1\right\}, & 160 \leq x \leq 180 \\ \mu x = 0, & x < 160 \\ \mu x = 1, & 180 < x \end{cases} \tag{11.6}$$

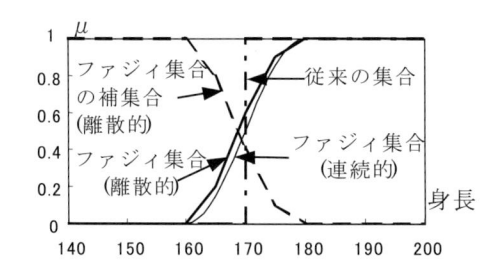

図 11.2 ファジィ集合の帰属度関数の例

(11.2), (11.6) や図 11.2 に示す帰属度関数は，著者の主観的判断により設定したもので，設定する人によって帰属度関数の形は異なる場合も多いと考えられる．言い換えれば，(11.2), (11.6) で設定した帰属度関数は，著者の主観的判断を定式化したものと考えられる．このように，ファジィ理論では，個人の主観的判断を帰属度関数を用いて定式化することができる．さらに，ある母集団に対して，アンケートを実施し，その結果を平均したものを帰属度関数として設定すれば，その母集団の主観的判断を定式化 [74] することも可能となる．

## 第4節　基本的なファジィ演算

　ファジィ理論では，帰属度関数に対するさまざまな演算が用いられる。これをファジィ演算と呼ぶ。ここでは，ファジィ理論で用いられる最も基本的な四つの演算を示す。まず，二つのファジィ集合 $A$, $B$ を考え，それらの帰属度関数をそれぞれ，$\mu_A(x)$, $\mu_B(x)$ とする。これらの帰属度関数に対する基本的な演算として，論理和，論理積，代数和，代数積の四つについて，その演算式を式 (11.7)～(11.10) に示す。さらに，その演算結果を図示したものを図 11.3 に示す。

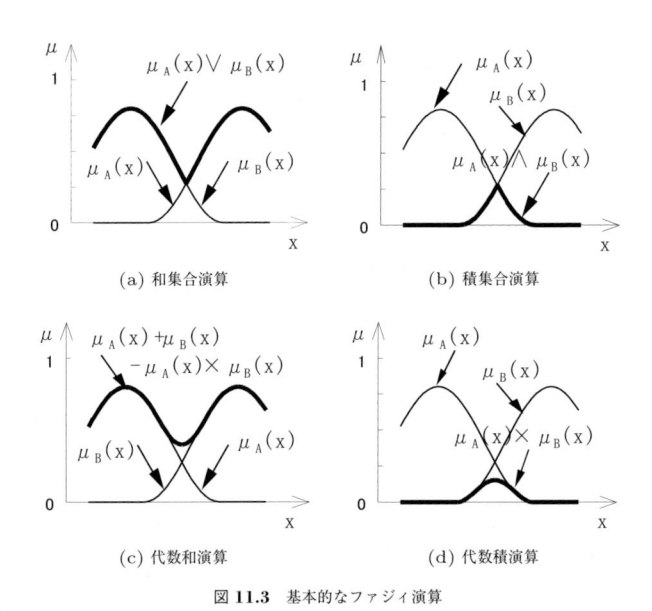

(a) 和集合演算

(b) 積集合演算

(c) 代数和演算

(d) 代数積演算

図 11.3　基本的なファジィ演算

論理和：$\mu_{A\cup B}(x) = \max\{\mu_A(x), \mu_B(x)\} = \mu_A(x) \vee \mu_B(x)$ (11.7)

論理積：$\mu_{A\cap B}(x) = \min\{\mu_A(x), \mu_B(x)\} = \mu_A(x) \wedge \mu_B(x)$ (11.8)

代数和：$\mu_{A+B}(x) = \mu_A(x) + \mu_B(x) - \mu_A(x) \times \mu_B(x)$ (11.9)

代数積：$\mu_{A\times B}(x) = \mu_A(x) \times \mu_B(x)$ (11.10)

また，ファジィ理論では，ここで示した四つのファジィ演算以外にも，限界和，限界積，激烈和，激烈積等の演算が用いられる．これらの演算方法に関しては，ファジィ理論に関する参考図書 [67–69] 等を参照していただきたい．

## 第5節　ファジィ統合則

　ファジィ理論では，前節で示したようなさまざまなファジィ演算を用いる．実際にファジィ理論を用いる場合，これらのファジィ演算を単独で用いることにより処理できる場合も多い．しかし，現実にはこれらの中間的な演算に基づく処理が必要となる場合も考えられる．河村らは，前節で示した四つの基本的ファジィ演算を統合的に処理することのできる手法として，**ファジィ統合則** (fuzzy confluence rule)[75] を提案している．ファジィ統合則は以下のように定式化 [75] される．

$$\mu_R = (1-\alpha)(1-\beta)\mu_I + (1-\alpha)\beta\mu_U + \alpha(1-\beta)\mu_P + \alpha\beta\mu_S \tag{11.11}$$

$$\mu_I = \bigwedge_{i=1}^{n} \{\mu_{x_i}(x_i)\}^{\gamma_i} \tag{11.12}$$

$$\mu_U = \bigvee_{i=1}^{n} \{\gamma_i \cdot \mu_{x_i}(x_i)\} \tag{11.13}$$

$$\mu_P = \prod_{i=1}^{n} \{\mu_{x_i}(x_i)\}^{\gamma_i} \tag{11.14}$$

$$\mu_U = 1 - \prod_{i=1}^{n} \{\gamma_i \cdot \mu_{x_i}(x_i)\} \tag{11.15}$$

$$\mu_{x_i}(x_i) : x_i \to [0,1] \quad (i=1,2,\ldots,n) \tag{11.16}$$

$$0 \le \alpha, \beta, \gamma_i \le 1 \tag{11.17}$$

　ここで，$\alpha, \beta$ は補間パラメータ，$\gamma_i$ は重み係数である．$\alpha$ が小さくなるにつれて統合結果の $\mu_R$ は論理演算，大きくなるにつれて代数演算に近づくため相互影響係数，$\beta$ に関しては，$\beta$ が大きくなると $\mu_R$ が過大評価となるため，過大評価係数とそれぞれ名付けられている．また，重み係数は，$\gamma_i$ が 0 に近づくと帰属度関数 $\mu_{x_i}(x_i)$ の影響が小さくなり，

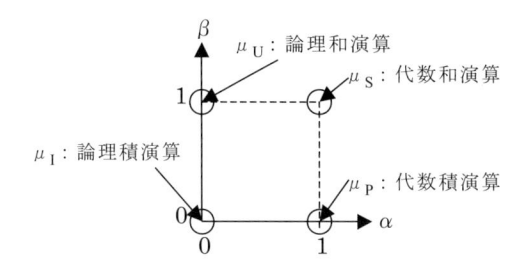

**図 11.4** ファジィ統合則の考え方 [75]

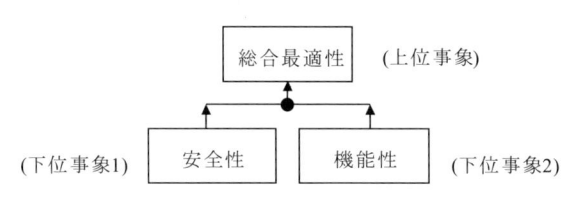

**図 11.5** 階層構造モデル

$\gamma_i$ が 1 に近づくと $\mu_{x_i}(x_i)$ の影響が大きくなるように与えられている。ファジィ統合則の考え方を，図 11.4 に示す。

ファジィ統合則は，**階層構造**を有する問題に適した演算手法である。例として，図 11.5 に示す階層構造を有する問題を考える。ここでは，下位事象として「安全性」と「機能性」の二つから，上位事象として，総合的な評価として「総合最適性」を考えるものとする。また，下位事象の評価段階は 3 とし，それぞれの評価として「大」，「中」，「小」を考える。評価が「大」とは，たとえば安全性が大きい場合を意味する。上位事象に関しては，10 段階の評価を与え，1 の場合が最も評価が低く，10 の場合が最も評価が高いものとする。今，図 11.5 の階層構造モデルの評価が図 11.6 に示すようなマトリクスで与えられたとする。

この場合の評価構造をファジィ統合則で求めると以下のようになる。まず，表 11.1 の評価マトリクスを表 11.2 に示す変換方法で数値化する。この数値を基に，ファジィ統合則の補間パラメータ $\alpha$, $\beta$, 重み係数 $\gamma_1$,

表 11.1 評価マトリクス

| 機能性<br>安全性 | 大 | 中 | 小 |
|---|---|---|---|
| 大 | 10 | 7 | 5 |
| 中 | 7 | 5 | 3 |
| 小 | 5 | 3 | 1 |

表 11.2 評価の変換方法

| 上位事象 | $x/10$ | | |
|---|---|---|---|
| | $x$：上位事象の評価値 | | |
| 下位事象 | 大 | 中 | 小 |
| | 0.9 | 0.5 | 0.1 |

表 11.3 同定結果

| 機能性<br>安全性 | 大 | 中 | 小 | 同定結果 |
|---|---|---|---|---|
| | | | | $\alpha = 1.0$ |
| 大 | 9 | 7 | 5 | $\beta = 0.507$ |
| 中 | 7 | 5 | 3 | $\gamma_1 = 1.0$ |
| 小 | 5 | 3 | 1 | $\gamma_2 = 1.0$ |

$\gamma_2$ を推定誤差が最小になるように決定する．ただし，ファジィ統合則のパラメータ同定では，最小二乗法等の手法が使えないため総当たり法等によってパラメータの決定を行う必要がある．

同定結果と，同定結果から求められる評価マトリクスを表11.3に示す．

ファジィ統合則では，評価マトリクスの作成，評価の変換方法がユーザの主観的評価やアンケート等によって決定されることになる．これらが決定されれば，ファジィ統合パラメータを同定することができ，以降は，これらのパラメータを用いて評価を行うことが可能となる．また，評価マトリクス作成に用いた評価の補間も可能となり，階層構造を有する意思決定過程の同定に有効な手法であると考えられる．ただし，ファジィ統合則では交換則が成立しないため，下位事象が3以上の場合では演算順序によって結果が変わる可能性があることに注意が必要である．

ファジィ統合則の応用例としては，主観的評価を考慮した最適耐震構造計画システムや[76]，アンケート調査に基づいた建築構造技術者の建築構造物に対する主観的損傷評価の客観的定式化[74]等が行われている．

## 第6節　ファジィ最大化決定

**ファジィ最大化決定** (fuzzy maximizing decision) [77] は，ファジィ化された目的条件，および制約条件下での意思決定手法の一つとして，ベルマン (R. E. Bellman) とザデー (L. A. Zadeh) により提唱されたものである。今，$x$ をファジィ集合の要素とし，**ファジィ目標** (fuzzy goal) $G$，および**ファジィ制約** $C$ (fuzzy constraint) に対する帰属度関数をそれぞれ $\mu_G(x)$, $\mu_C(x)$ で与えるものとする。ファジィ最大化決定の演算では，まず $\mu_G(x)$, $\mu_C(x)$ の共通集合，すなわち min 演算 (論理積演算) を行う。

$$\mu_{\min}(x) = \mu_G(x) \wedge \mu_C(x) \tag{11.18}$$

その結果，得られた帰属度関数 $\mu_{\min}(x)$ で，最大の帰属度の値 (max 演算) を与える $x$ が最適値 $x_{\mathrm{opt}}$ として，また，そのときの帰属度値が $\mu_{\mathrm{opt}}(x_{\mathrm{opt}})$ として決定される。この演算過程は max-min 演算と呼ばれ，次式で表される。

$$\mu_{\mathrm{opt}}(x_{\mathrm{opt}}) = \max(\mu_{\min}(x)) \tag{11.19}$$

最大化決定の演算過程は，図 11.6 のように図示される。

このファジィ最大化決定の演算では，上記のようにファジィ化された目的条件と制約条件を用いて，共通の変数のもとでの最適化を行う。また，目的条件，制約条件は，問題に応じて複数設定することが可能で，多目的最適化問題における最適化が可能となる。このように，ファジィ最大化決定は，ファジィ数理計画手法の一つとして応用性が高く，主観的評価が内在する問題の最適化手法として非常に有効であると考えられる。

ただし，多数の目的条件，制約条件をファジィ化して帰属度関数で与えた場合，最大化決定で得られた結果で明瞭なピークが見られなくなり，

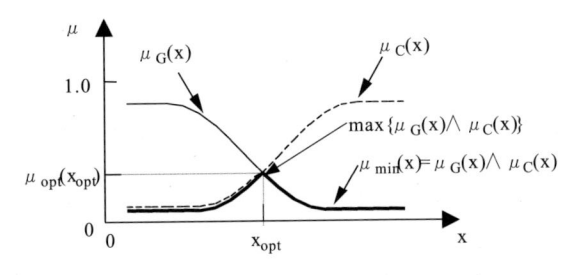

図 11.6　ファジィ最大化決定

最適解を求めることが困難となる場合が生じることがある。このため，すべての目的，制約条件をファジィ化するのではなく，どの条件をファジィ化し，どの条件をファジィ化しないのかの検討を十分に行う必要がある。

## 第7節　ファジィ関係

**ファジィ関係** (fuzzy relation) とは，ファジィ集合間のあいまいな関係を定義したものである．ここでは，簡単な例として二つのファジィ集合 $X$, $Y$ の間のファジィ関係 (**2項ファジィ関係**) の場合を示す．今，ファジィ入力を $X$，ファジィ出力 $Y$，$X$ と $Y$ の間のファジィ関係を $R$ とする．今，$X$, $Y$ の要素をそれぞれ $X = \{x\}$, $Y = \{y\}$ とする．直積集合 $X \times Y$ におけるファジィ関係 $R$ は，$R$ の帰属度関数 $\mu_R$ を用いて，

$$\mu_R : X \times Y \to [0,1], \quad X \times Y = \{(x,y) \mid x \in X, y \in Y\} \quad (11.20)$$

で定義される．また，ある順序対 $(x,y)$ に対する帰属度関数 $\mu_R(x,y)$ は，

$$\mu_R(x,y) \in [0,1], \ x \in X, \ y \in Y \quad (11.21)$$

で表され，帰属度値 $\mu_R(x,y)$ の値が 1 に近いほどファジィ関係 $R$ が満たされ，逆に，0 に近いほど満たされないことを示している．また，ファジィ関係 $R$ の帰属度値 $\mu_R(x,y)$ が 0, 1 の 2 値のみで表される場合は，$R$ は通常の意味における 2 項関係を表すこととなる．

ファジィ関係は，ファジィ関係方程式やファジィ合成に応用されるが，これらについては参考書 [67–69] を参照していただきたい．

さらに，このファジィ関係は，2 項ファジィ関係ばかりでなく $n$ 項ファジィ関係として拡張できる．**$n$ 項ファジィ関係**は，$X_1 \times X_2 \times \cdots \times X_n$ の直積空間に対して，

$$\mu_R : X_1 \times X_2 \times \cdots \times X_n \to [0,1] \quad (11.22)$$

で定義され，その帰属度関数の値は，$n$ 個の変数をもつ帰属度関数として，次式で表現される．

$$\mu_R(x_1, x_2, \ldots, x_n) \in [0,1], \quad x_1 \in X_1, \ldots, x_n \in X_n \quad (11.23)$$

ここで，簡単な2項ファジィ関係の例として，「明日の天気」と「明日の行動」に関するファジィ関係を表11.4に示す。

表11.4 2項ファジィ関係の例

| 天気＼行動 | ピクニック | ボーリング | ショッピング | 映画 |
|---|---|---|---|---|
| 晴れ | 1 | 0.3 | 0.4 | 0.2 |
| 曇り | 0.7 | 0.5 | 1 | 0.6 |
| 雨 | 0 | 0.8 | 0.6 | 1 |

先にも述べたように，この場合，帰属度の値が1に近いほどその関係が成立しやすく，逆に0に近いほど成立しにくいことを表している。ファジィ関係は，この例のように主観的に決定することもできるし，客観的なデータや式を用いることができる場合には，これらを用いて客観的に決定することもできる。

## 第 8 節　インテリジェントファジィネットワーク

インテリジェントファジィネットワーク (Intelligent fuzzy network) は，河村，Yao[78] により提案されたもので，図 11.7 に示すような，**入力** (INPUT)，**状態** (STATE)，**出力** (OUTPUT) の三つの要素からなるファジィシステムを単位ユニットとし，これらを相互に結合することによって構成されるものである．図 11.7 に示す単位のファジィシステムでは，入力 (INPUT)，出力 (OUTPUT) には，ファジィ理論の帰属度関数ばかりでなく，クリスプに与えることも可能である．また，ファジィネットワークでは，方向性がないため入力から出力を求めるだけでなく，出力から入力を求めることもできる．

```
[ INPUT ] ── [ STATE ] ── [ OUTPUT ]
```

図 11.7　単位のファジィシステム

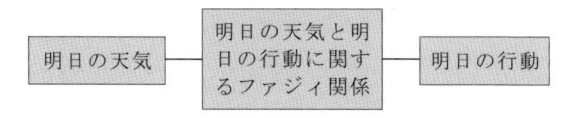

まず，単位のファジィシステムの例として，表 11.4 で示した 2 項ファジィ関係を STATE とする図 11.8 に示すファジィシステムを考える．このファジィシステムに，(11.24) に示すように「明日の天気」に関する帰属度関数を設定すると，(11.25) に示す演算過程を経て，(11.26) に示す「明日の行動」に対する帰属度関数が求められる．

```
[ 明日の天気 ] ── [ 明日の天気と明日の行動に関するファジィ関係 ] ── [ 明日の行動 ]
```

図 11.8　単位のファジィシステムの例

$$\mu_{\text{明日の天気}} = 1/\text{晴れ} + 0.3/\text{曇り} + 0.1/\text{雨} \tag{11.24}$$

$$\begin{aligned}\mu_{\text{明日の行動}} = \{&\max(1 \wedge 1, 0.3 \wedge 0.7, 0.1 \wedge 0), \\ &\max(1 \wedge 0.3, 0.3 \wedge 0.5, 0.1 \wedge 0.8), \\ &\max(1 \wedge 0.4, 0.3 \wedge 1, 0.1 \wedge 0.6), \\ &\max(1 \wedge 0.2, 0.3 \wedge 0.6, 0.1 \wedge 1)\} \end{aligned} \tag{11.25}$$

$$\begin{aligned}\mu_{\text{明日の行動}} = &1/\text{ピクニック} + 0.3/\text{ボーリング} \\ &+ 0.4/\text{ショッピング} + 0.3/\text{映画} \end{aligned} \tag{11.26}$$

- (11.25) の演算では，11.6 節で示したファジィ最大化決定の max-min 演算を用いている．たとえば，(11.25) の最初の式では，(11.24) の明日の天気に対する帰属度関数の値と，表 11.4 のピクニックの欄の帰属度の値を，各天気ごとに比較しそれぞれ最小値 $(1 \wedge 1, 0.3 \wedge 0.7, 0.1 \wedge 0)$ を求め，その結果の最大値を求める演算 $(\max(1, 0.3, 0) = 1)$ を行っている．(11.25) では，以下同様の演算を行っている．得られた「明日の行動」に対する帰属度関数では，ピクニックに対する帰属度が最も大きくなっている．また，上記の演算とは逆に，「明日の行動」から「明日の天気」の帰属度関数を決定することもできる．ただし，(11.26) の結果を用いて「明日の天気」に関する帰属度関数を求めても，入力した (11.24) の帰属度関数とは一致しない．これは，ファジィシステムにおける演算では一般的に見られるものである．

　ファジィネットワークは，単位のファジィシステムを相互に結合することによって構成されるものである．ファジィネットワークは，対象とする問題に応じて必要となる要素を抽出し，それらを互いに結合させることによって構成されるため，ネットワークの修正や追加，削除などの変更も容易に行うことができる．状態 (STATE) には，専門的知識や主観的評価，工学的関数をマトリクス形式で与える．ファジィネットワークを構築する際には，状態 (STATE) に対応する知識の獲得方法や構成方法が重要な問題となる．STATE 内の知識の獲得方法としては，1) 文

献・資料等を用いる，2) 定式化された関数を用いる，3) アンケート等を実施しその結果を用いる，等の方法が考えられる．

ファジィネットワークの解法としては，前述したファジィ最大化決定による方法ばかりでなく，射影による方法 [79] やファジィ合成則 [80, 81] を用いるなどの種々の方法が提案されており，適切なもの選択して用いることができる．また，インテリジェントなファジィネットワークの解法 [82] に関する研究も行われている．

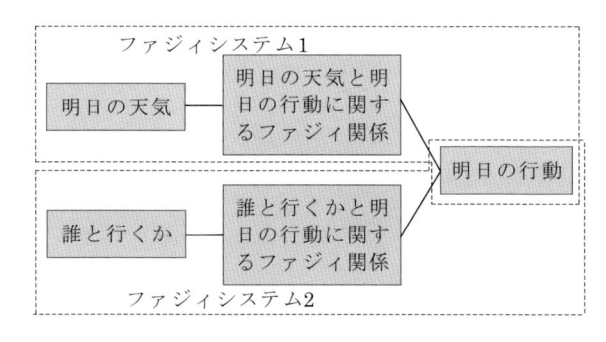

ここでは，ファジィネットワークの例として，図 11.8 で示した単位のファジィシステムに「誰と行くか」と「明日の行動」に関するファジィシステムを追加したものを考える．このファジィネットワークを図 11.9 に示す．

図 **11.9** ファジィネットワークの例

表 **11.5** 「誰と行くか」と「明日の行動」に対する STATE

| 誰と \ 行動 | ピクニック | ボーリング | ショッピング | 映画 |
|---|---|---|---|---|
| 家族 | 1 | 0.7 | 0.4 | 0.2 |
| 友達 | 0.8 | 1 | 0.6 | 0.7 |
| 一人 | 0.2 | 0.5 | 1 | 0.8 |

このファジィネットワークで,「誰と行くか」と「明日の行動」に対するSTATEを表 11.5 のように仮定する。このファジィネットワークにより,「明日の行動」を決定する問題を考える。「明日の行動」を決定するためには,「明日の天気」と「誰と行くか」の帰属度関数を与える必要があることがわかる。ここで,「明日の天気」の帰属度関数は (11.24) で,「誰と行くか」は (11.27) で与えるものとする。

$$\mu_{誰と行くか} = 0.4/家族 + 1/友達 + 0.6/一人 \quad (11.27)$$

この結果,「明日の行動」関する帰属度関数として,ファジィシステム 1 から (11.25) が,ファジィシステム 2 から (11.28) がそれぞれ得られる。

$$\mu_{明日の行動} = 0.8/ピクニック + 1/ボーリング \\ + 0.6/ショッピング + 0.7/映画 \quad (11.28)$$

この例のように (11.26), (11.28) で複数の解が得られる場合には,結果をファジィ最大化決定により最適化することにより,「明日の行動」に対する解として (11.29) が得られる。

$$\mu_{明日の行動} = 0.8/ピクニック + 0.3/ボーリング \\ + 0.4/ショッピング + 0.3/映画 \quad (11.29)$$

また,「誰と行くか」を決定する場合には,「明日の天気」を入力すればよい。この場合,「明日の天気」を入力すれば,ファジィシステム 1 から「明日の行動」が求められ,ファジィシステム 2 を用いて,「誰と行くか」が求められる。「明日の天気」は,「誰と行くか」を入力することにより,同様に求めることができる。ここで設定した解法では,ファジィネットワークを解く場合は,求める出力に応じて必要となる入力が決定され,その入力を与えることにより解が得られる。しかし,大規模なファジィネットワークでは,ネットワークの構成によってはこの例の解法と同様に必要となる入力を決定することは困難となる場合もある。このような

場合には，先に述べたような射影 [79] やファジィ合成 [80, 81]，および文献 [82] による解法等の適用が必要となる。

　ファジィネットワークでは，主観的評価と客観的評価を合理的に一括して扱うことができる特徴を有し，種々の多目的最適化問題に適用できると考えられる。ファジィネットワークの応用例としては，建築構造物の構造計画 [83] や耐震安全性 [84] の評価，社会的合意に基づく耐震設計法 [85]，建築構造フォルムプランニング支援システム [86]，環境負荷を考慮した最適構造材料選定システム [87] 等，種々の問題に適用が試みられている。

Chapter 12
Neural Network

# 12章 ニューラルネットワーク

## 第 1 節　ニューラルネットワーク

　人間における情報伝達は，神経細胞 (ニューロン) を通して信号が伝達されることにより行われている．ニューラルネットワーク (neural network) は，この人間の神経回路を模した人工的なネットワークであり，非線形な入出力関係を表現可能なニューロンモデルを作成し，それらを人工的に多数結合させ，並列分散的に情報処理を行うもので，近年さまざまな問題に対して適用されている知的情報処理手法の一つである．人工的なニューラルネットワークには，図 12.1 に示すように，**階層型ニューラルネットワーク** (multi-layered neural network) と**相互結合型ニューラルネットワーク** (fully-connected neural network) がある．

(a) 階層型ニューラルネットワーク　　(b) 相互結合型ニューラルネットワーク

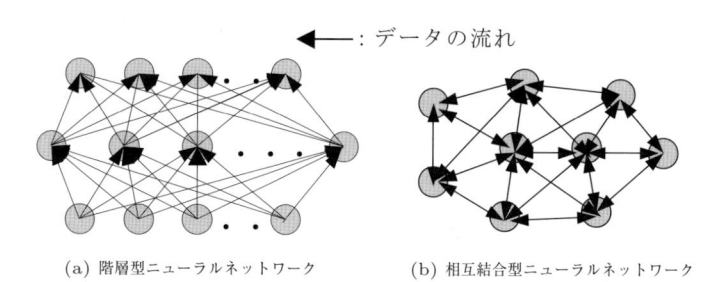

図 12.1　階層型および相互結合型ニューラルネットワーク

　人工的なニューラルネットワークに関する初期の研究としては，マカロック (McCulloch, W.) とピッツ (Pitts, W.) による形式ニューロンの研究 [88] がある．最初のニューラルネットワークの研究に関するブームは，ローゼンブラット (Rosenblatt, F.) によるパーセプトロン (Perceptron)[89] によってもたらされ，さまざまな研究が実施された．しかし，ミンスキー (Minsky, S.) とパパート (Papert, S.) によりパーセプトロンの限界が証明 [90] され，研究は一時期沈静化する．次のニュー

ラルネットワークの研究に関するブームが到来する 1980 年代中頃までは，地道な研究が続けられた．その後，ラメルハート (Rumelhart, D.) らにより，階層型ニューラルネットワークの学習方法として**誤差逆伝播法** (error back-propagation method)[91] が提案され，さまざまな問題に階層型ニューラルネットワークが適用され，その有効性の検討が行われるとともに，さまざまな分野への応用が試みられている．以上は主として階層型ニューラルネットワークに関する研究の歴史であるが，相互結合型ニューラルネットワークに関する研究が，コホネン (Kohonen, T.)[92] やホップフィールド (Hoppfield, J.)[93] らにより行われている．

　図 12.1 に示すように，人工的なニューラルネットワークには階層型ニューラルネットワークと相互結合型ニューラルネットワークがあるが，ここでは，階層型ニューラルネットワークについて，その概要と簡単な応用例を示す．ニューラルネットワークは，すでにさまざまな分野に応用されており，多くの参考書が出版 [94–96] されている．人間の神経細胞の情報伝達や人工的ニューラルネットワークの歴史の詳細，相互結合型ニューラルネットワークに関しては，これらを参照していただきたい．

## 第2節　階層型ニューラルネットワークの処理方法

　ここでは，図 12.2 に示す3層の階層型ニューラルネットワークを用いて，その処理方法の概要を示す。図中○で示すものがユニットを表し，各ユニットを結ぶ線分はユニットの結合を表す。この各ユニット間の結合には**重み係数** $w$ が，また，中間層，出力層の各ユニットには，**しきい値** $\theta$ がそれぞれ与えられる。

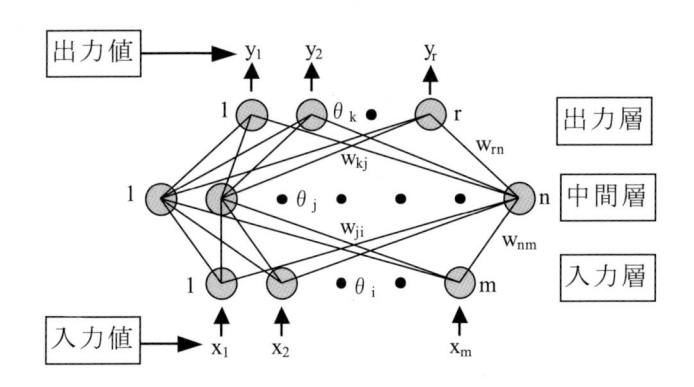

図 12.2　階層構造型ニューラルネットワーク

　図 12.2 のニューラルネットワークは**入力層** (Input layer)($m$ ユニット)，**中間層** (hidden layer)($1$ 層 $n$ ユニット)，**出力層** (output layer)($r$ ユニット) の3層から構成されている。ニューラルネットワークの構成は，入力層，出力層のユニット数は事前に決定できるが，中間層の層数やユニット数の決定に関しては，試行錯誤により決定する必要がある。階層型ニューラルネットワークでは，重み係数 $w$ としきい値 $\theta$ が決定されている場合，以下の式によって入力から出力が求められる。

$$入 力 層 : {}_1\text{Out}_i = x_i, \ i = 1, 2, \ldots, m \tag{12.1}$$

$$中 間 層 : {}_2\text{Inp}_j = \sum_{i=1}^{m} w_{ji}\, {}_1\text{Out}_i + \theta_j, \ j = 1, 2, \ldots, n \tag{12.2}$$

$$\phantom{中 間 層 :}{}_2\text{Out}_j = f({}_2\text{Inp}_j) \tag{12.3}$$

$$出 力 層 : {}_3\text{Inp}_k = \sum_{j=1}^{n} w_{kj}\, {}_2\text{Out}_j + \theta_k, \ k = 1, 2, \ldots, r \tag{12.4}$$

$$\phantom{出 力 層 :}{}_3\text{Out}_k = f({}_3\text{Inp}_k) = y_k \tag{12.5}$$

$$変換関数 : f(x) = \frac{1}{1 + \exp(-x)} \tag{12.6}$$

階層型ニューラルネットワークでは，(12.3)，(12.5) に示す変換関数として (12.6) に示す**シグモイド関数**がよく用いられる。シグモイド関数は，値域として (0,1) をもつ非線形関数である。したがって，階層型ニューラルネットワークの出力の値域が (0,1) となることに注意が必要となる。

階層型ニューラルネットワークでは，重み係数としきい値が求められていれば，入力値が与えられれば (12.1)〜(12.6) の演算を行うことにより，出力値が求められる。また，中間層が 2 層以上の場合にも，(12.2)〜(12.3) の中間層の計算を繰り返すことにより，容易に拡張することができる。

## 第3節　階層型ニューラルネットワークの教師データ

前節で述べたように，階層型ニューラルネットワークでは，ユニット間の結合の重み係数と各ユニットのしきい値を適切に決定する必要がある．これらを決定するために，階層型ニューラルネットワークでは**教師データを用いた学習** (supervised learning) を行う．

教師データは，入力値と出力値のデータの組で構成され，事例的データから作成される．図 12.3 に示すような系を考える．この系に対して入力値 $(x_1, \ldots, x_i)$ を与えた場合，出力値として $(y_1, \ldots, y_k)$ が得られたとする．この入力値および出力値の組 $(x_1, \ldots, x_i)$, $(y_1, \ldots, y_k)$ が一組の教師データとなる．入力値を変化させた場合の出力値を事例データとして観測することにより，教師データの組を作成することができる．

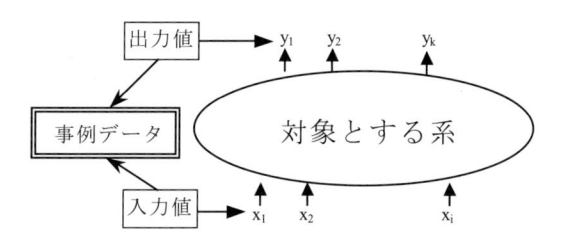

図 12.3　対象とする系と事例データ

上記のように入力値から出力値を求める問題は順問題であるが，入力値と出力値を逆にして学習させれば逆問題を解く階層型ニューラルネットワークを構築することもできる．さらに，事例データの要素から任意に入力値，出力値を選定することが可能で，系のモデル化が困難な場合でも，事例データを収集することにより問題に応じた任意の階層型ニューラルネットワークを構築して，系のモデル化を行うことができる．

## 第4節　階層型ニューラルネットワークの学習方法

前節で述べた教師データを用いて，階層型ニューラルネットワークの重みとしきい値をの決定を行うが，これは**誤差逆伝播法** (error back-propagation method)[91] のアルゴリズムを用いて行われる。誤差逆伝播法のアルゴリズムを図 12.2 の 3 層の階層型ニューラルネットワークを用いて示す。

今，出力層の $k$ 番目のユニットにおける教師データの出力値を $y_k^*$，ニューラルネットワークによる推定値を $y_k$ とし，出力誤差の 2 乗和 $Er$ を次式で定義する。

$$Er = \frac{1}{2}\sum_{k=1}^{r}(y_k - y_k^*)^2 \tag{12.7}$$

この出力誤差 $Er$ を減少させるには，重み係数 $w$ およびしきい値 $\theta$ を $Er$ が検証する方向に変化させればよい。つまり，すべての $w$, $\theta$ に関する偏微分係数求め，$Er$ が減少する方向に $w$, $\theta$ を更新させればよい。まず，中間層から出力層への重み $w_{kj}$ に対する偏微分を求めると，次式が得られる。

$$\frac{\partial Er}{\partial w_{kj}} = \frac{\partial Er}{\partial y_k} \cdot \frac{\partial y_k}{\partial\, _3\mathrm{Inp}_k} \cdot \frac{\partial\, _3\mathrm{Inp}_k}{\partial w_{kj}} \tag{12.8}$$

となる。ここで，(12.8) 右辺第 1 項，2 項，3 項はそれぞれ次式となる。

$$\frac{\partial Er}{\partial y_k} = y_k - y_k^*,\ k = 1, \ldots, r \tag{12.9}$$

$$\frac{\partial y_k}{\partial\, _3\mathrm{Inp}_k} = f'(_3\mathrm{Inp}_k),\ k = 1, \ldots, r \tag{12.10}$$

$$\frac{\partial\, _3\mathrm{Inp}_k}{\partial w_{kj}} = {_2\mathrm{Inp}_j},\ k = 1, \ldots, r,\ j = 1, \ldots, n \tag{12.11}$$

また，(12.10) 中のシグモイド関数の微分は，(12.6) より次式で与えられる。

$$f'(x) = \frac{\exp(-x)}{\{1+\exp(-x)\}^2} = f(x)\{1-f(x)\} \qquad (12.12)$$

(12.8)〜(12.12) より，中間層から出力層への重み係数に対する偏微分の値 $\partial Er/\partial w_{kj}$ が求められる。

次に，入力層から中間層への重み係数に対する偏微分は，次式で求められる。

$$\frac{\partial Er}{\partial w_{ji}} = \frac{\partial Er}{\partial w_{kj}} \cdot \frac{\partial w_{kj}}{\partial _2\text{Out}_j} \cdot \frac{\partial _2\text{Out}_j}{\partial _2\text{Inp}_j} \cdot \frac{\partial _2\text{Inp}_j}{\partial w_{ji}} \qquad (12.13)$$

(12.13) の右辺の各項も，(12.2)〜(12.4) から簡単に求めることができる。また，出力層，中間層のしきい値も同様の手順で求めることができる。

以上で得られた各重み係数に対する偏微分の値を用いて，逐次重み係数およびしきい値の値を修正することにより学習が進行する。

$p+1$ 回目の重み係数の修正量 $\Delta w_{kj}^{p+1}$ としては，以下の式が用いられることが多い [94]。

$$\Delta w_{kj}^{p+1} = -\left\{\alpha \frac{\partial Er}{\partial w_{kj}} + \beta \left(w_{kj}^p - w_{kj}^{p-1}\right)\right\} \qquad (12.14)$$

ここで，$\alpha$ は収束速度を決定するパラメータで，$\alpha$ が大きいほど収束は早くなるが，大きすぎると不安定になることがある。また，$\beta\,(0<\beta<1)$ は収束の加速係数である。これらのパラメータは，問題に応じて適切な値を決定する必要があり，若干の試行錯誤が必要となる場合もある。また，重みの更新には，教師データごとに逐次修正する方法と，一通り教師データを提示した後一括して修正する方法の二通りがある。また，学習の終了条件についても，学習誤差が設定した値以下とする場合と，学習回数が所定の学習回数に達した場合の二通りがある。階層型ニューラルネットワークの実際の学習プログラムについては，参考書にプログラム例 [94, 95] が示されているので，それらを参照していただきたい。

## 第5節　階層型ニューラルネットワークの応用例1

今，表12.1に示すような入力値 $x$ と出力値 $y$ に関する事例データが得られたとする。

表 12.1　事例データ 1

| x | 0 | 0.3 | 0.6 | 0.9 | 1.2 | 1.5 | 1.8 | 2.1 | 2.4 |
|---|---|---|---|---|---|---|---|---|---|
| y | 10.9 | 10.674 | 10.020 | 8.998 | 7.698 | 6.236 | 4.742 | 3.349 | 2.181 |
| x | 2.7 | 3 | 3.3 | 3.6 | 3.9 | 4.2 | 4.5 | 4.8 | 5.1 |
| y | 1.343 | 0.907 | 0.913 | 1.360 | 2.206 | 3.376 | 4.764 | 6.245 | 7.686 |

今，このデータを用いて，入力値 $x$ から出力値 $y$ を求める階層型ニューラルネットワークを構築する。ここで用いた階層型ニューラルネットワークの構成とパラメータの設定，終了条件を表12.2に示す。また，教師データとしては，$x$，$y$ ともに表12.2中に示す変換関数を用いて，(0,1) の値に規準化した。今回は，学習回数で終了条件が決定され，このときの学習誤差は $1.64 \times 10^{-4}$ であった。

表 12.2　階層型ニューラルネットワークの諸設定

| 入力層 | 1 ユニット | 終了条件 | 規準化関数 |
|---|---|---|---|
| 中間層 | 1 層，5 ユニット | 学習誤差 $\leq 10^{-5}$ | 入力層：$x/6$ |
| 出力層 | 1 ユニット | または， | |
| $\alpha$ | 0.9 | 学習回数=10000 回 | 出力層：$y/12$ |
| $\beta$ | 0.1 | | |

教師データ (実際値) と階層型ニューラルネットワークによる出力値 (推定値) を図12.4に示す。このような教師データに対する推定を再現

性と呼び，学習が適切であれば再現性の予測精度が高くなることは明らかである。

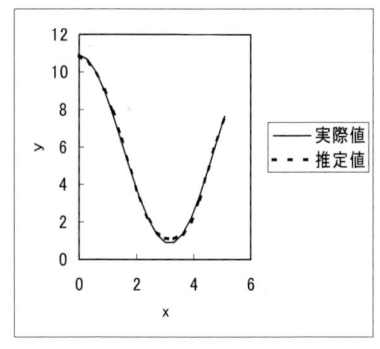

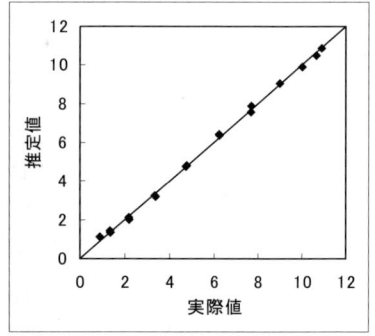

図 12.4 実際値と推定値の比較 (再現性)

　図 12.4 からもわかるように，表 12.1 のデータは次式で表される関数を用いて作成したものである．

$$y = \frac{1}{x-10} + 5 \cdot \cos(x) + 6 \qquad (12.15)$$

　図 12.4 に示すように，階層型ニューラルネットワークでは，元の関数が不明な場合でも，事例データがあればそれを基に学習を行い，推定を行うことができる．言い換えれば，元の関数が，設定した階層型ニューラルネットワークで同定されたことになる．また，教師データ以外の予測精度の検討例を示す．ここでは，$x$ の値を 0 から 5.1 まで 0.1 ピッチで与えた場合に，(12.15) の関数から求まる実際値と推定結果との比較を図 12.5 に示す．この場合，入力される値は教師データの範囲内にあるため，内挿性の推定精度の検討となる．

　図 12.5 より，内挿性の場合でも，再現性の場合と同様に精度よく推定できていることがわかる．このように，階層型ニューラルネットワークは，系の特性が関数等でモデル化できない場合でも，事例データがあれば対象とする系を同定することが可能で，種々の応用性が考えられる手

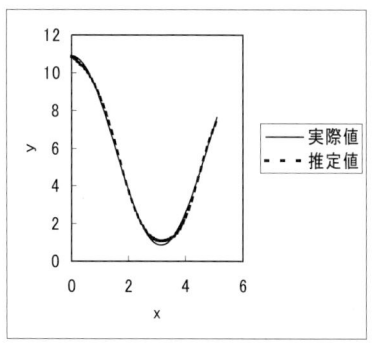

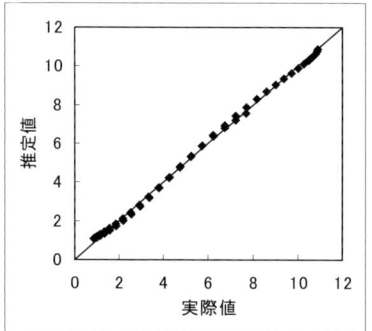

図 12.5 実際値と推定値の比較 (内挿性)

法である。

なお，階層型ニューラルネットワークでは予測できる範囲は，表 12.2 中に示した規準化関数によって制限される。この規準化の範囲を大きくすることにより，教師データの範囲外 (外挿) のデータに対しても推定を行うことはできるが，外挿性の場合，一般に再現性，内挿性に比べて予測精度は悪くなり，推定値が意味のある数値であるかどうかは保証されない。このため，入出力値のデータの範囲の設定に関しては，十分注意する必要がある。

さらに，教師データに，入力値と出力値の関係が 1 対 2 以上になる場合が含まれていると，階層型ニューラルネットワークの学習がうまく行えない。このような場合には，出力値を推定するために必要な入力ユニット数が不足していると考えられ，入力層のユニット数を増やすなどの対策を行う必要がある。教師データを作成する場合には，この点に十分に注意しておく必要がある。

## 第6節　階層型ニューラルネットワークの応用例2

　階層型ニューラルネットワークの応用例の二つめとして，ここでは，図12.6に示すように領域を三つの部分に分ける問題を考える。

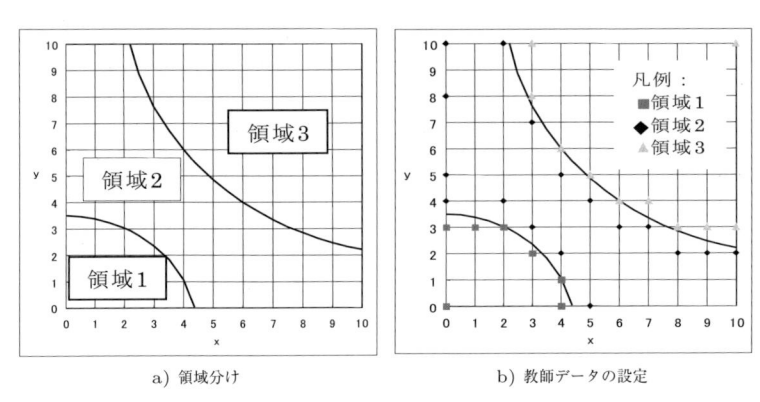

a) 領域分け　　　　　　　　　　b) 教師データの設定

図 12.6　領域分けと教師データの設定

　このような問題の場合，教師データをどのように作成するかが問題となる。ここでは，図12.6の右図に示すように各領域の境界となる点を選択して，教師データを作成する。教師データの組は35組である。ここで用いる階層型ニューラルネットワークの構成とパラメータの設定，終了条件を表12.3に示す。また，教師データとしては，入力層，出力層ともに表12.2中に示す変換関数を用いて，(0,1)の値に規準化した。このニューラルネットワークでは，出力層には三つのユニットを設定し，領域1の場合は第1ユニットが，領域2の場合は第2ユニットが，領域3の場合は第3ユニットがそれぞれ1の値をもち，他のユニットは0となるように設定した。この学習は，学習回数で終了条件が決定され，その時の学習誤差は $6.57 \times 10^{-5}$ であった。

表 12.3　階層型ニューラルネットワークの諸設定

| 入力層 | 2ユニット | 終了条件 | 規準化関数 |
|---|---|---|---|
| 中間層 | 2層, 5ユニット | 学習誤差 $\leq 10^{-5}$ | 入力層：$0.9x/10$ |
| 出力層 | 3ユニット | または | 入力層：$0.9y/10$ |
| $\alpha$ | 0.9 | 学習回数=10000回 | 出力層：$0.9 \cdot z$ |
| $\beta$ | 0.1 | | |

学習済みの階層型ニューラルネットワークを用いて，内挿性の場合の推定精度の検討を行う。与えるデータとしては，$0.5 \leq x \leq 9.5$，$0.5 \leq y \leq 9.5$ の範囲で，$x$, $y$ ともそれぞれ1ピッチで与えた場合の領域の判定を行った。領域は，出力層の3ユニットの中で，もっとも大きい出力値をもつユニットの領域になるものとして判定した。判定結果を図 12.7 に示す。

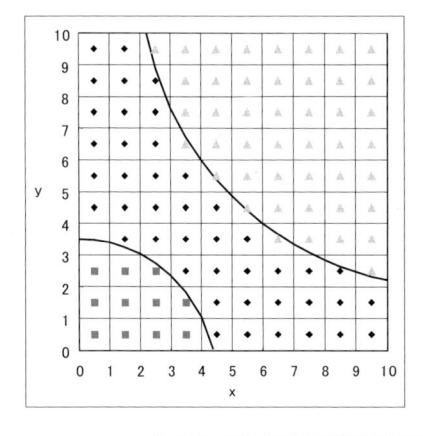

図 12.7　内挿性の場合の推定精度の検討

図 12.7 より，若干推定がずれているデータは見られるが，ほぼ各領域を推定できることがわかる。図 12.6 に示すような荒い教師データの設

定でも，各領域内では正確に領域が判定されていることがわかる。また，境界線付近での予測にずれが見られるが，より詳細に境界を与えるような教師データを作成すれば，より推定精度が上がるものと考えられる。以上から，このようなパターン分類の問題にも階層型ニューラルネットワークが応用可能であることがわかる。

　以上で示したように，対象とする系の入出力関係の同定は，対象とする系から入出力関係の事例データを収集して，階層型ニューラルネットワークに教師データとして与え，誤差逆伝播法を用いた学習を実行することにより行うことができる。また，階層型ニューラルネットワークは，対象とする系の入出力関係の詳細な知識（たとえば関数関係等）が明らかでない場合でも，対象の入出力関係を同定することができるという特徴を有する。ただし，ニューラルネットワークで同定された結果は，ネットワーク内の重みやしきい値として分散して獲得されるため，これらの値から対象とする系の特性を分析することはできないという問題点も有する。階層型ニューラルネットワークは，1) 任意の非線形関数を表現できる，2) 学習則が比較的簡単である，3) 多種多様なデータを並列的に活用できる，等の特徴を有する。このため，さまざまな分野への応用が可能で，すでに多くの研究がなされている。建築分野への応用例としては文献 [97] を，力学系への応用例としては文献 [98] を参照していただきたい。

Appendix A
General Procedure of Linear Programming

# 付録A シンプレックス法の一般的手順

シンプレックス法は**実行可能領域**の端点を目的関数を改善する方向にたどっていく。すでに述べたが，制約式の数に相当する変数だけを正にして，残りの変数を0とする解を求めていた。このようにすると，変数の数と式の数が一致して，対応する連立1次方程式の行列式の値が0でない限りそのような解は一意的に求まる。じつはこれが実行可能領域の頂点となる。そのような解は**実行可能基底解** (basic feasible solution) と呼ばれる。第2章2節の例において，たとえば $x_1 = 0, x_3 = 0$ として $x_2, x_4$ を求めると $x_2 = 2, x_3 = -3$ が得られる。$x_3 = -3 < 0$ であるので，この解は実行可能ではないが，**基底解**という。したがって，任意に制約条件式の数に等しい変数の組を固定して残りを0にして解いても，必ずしも実行可能解が得られるわけではない。一方，シンプレックス法は，実行可能基底解から出発して，実行可能性を保ちながら最適解に到達する。

それでは一般的に端点はどのようにして求められるのか？また，最初に実行可能解を求める必要があるが，これはいつでも簡単に求まるのであろうか？これらを明確にするために，上で述べた方法をもう少し一般的に記述する。

$n$ 変数, $m$ 個の制約条件 (すべて等式制約とする) が与えられているものとする。この $m$ 個の制約条件とは別に，各変数の**非負制約**が与えられているものとする。このような線形計画問題を**標準形** (standard form) と呼び，次のように定式化される。

$$\text{Minimize} \sum_{j=1}^{n} c_j x_j \tag{A.1}$$

$$\text{subject to} \sum_{j=1}^{n} a_{ij} x_j = b_i \quad (i = 1, 2, \ldots, m) \tag{A.2}$$

$$x_j \geq 0 \quad (j = 1, 2, \ldots, n) \tag{A.3}$$

ただし，$b_i \geq 0, n > m$ を仮定する。第2章の例題のように，実際の問

題では不等式制約も出てくる。たとえば，

$$\sum_{j=1}^{n} a_{ij} x_j \leq b_i \quad (\text{ただし}, b_i \geq 0)$$

のような不等式には**スラック変数** $s_i$(ただし $s_i \geq 0$) を導入して

$$\sum_{j=1}^{n} a_{ij} x_j + s_i = b_i$$

の等式制約に変形する。また

$$\sum_{j=1}^{n} a_{ij} x_j \geq b_i \quad (\text{ただし}, b_i > 0)$$

のような不等式には**剰余変数** (surplus variable)$s_i$(ただし $s_i \geq 0$) を導入して

$$\sum_{j=1}^{n} a_{ij} x_j - s_i = b_i$$

の等式制約に変形する。このように，すべての線形計画問題は上記の標準形に変形できる。標準形をベクトル表現すると次のようになる。

$$\begin{aligned} \text{目的関数}: \quad & \text{Minimize} \quad \boldsymbol{c}^\top \boldsymbol{x} \\ \text{制約条件}: \quad & \boldsymbol{A}\boldsymbol{x} = \boldsymbol{b}, \boldsymbol{x} \geq \boldsymbol{0} \end{aligned} \quad (A.4)$$

ただし，

$$\boldsymbol{c} = \begin{pmatrix} c_1 \\ c_2 \\ \vdots \\ c_n \end{pmatrix}, \boldsymbol{x} = \begin{pmatrix} x_1 \\ x_2 \\ \vdots \\ x_n \end{pmatrix}, \boldsymbol{b} = \begin{pmatrix} b_1 \\ b_2 \\ \vdots \\ b_m \end{pmatrix}$$

で，$\boldsymbol{A} = (a_{ij})$ は $m \times n$ 行列である。問題 (A.4) の**基底解** (basic solution) とは，$n$ 個の変数から $m$ 個を選び (その添字集合を $\mathcal{B} = \{B(1), B(2), \ldots, B(m)\}$ とする)，残りの変数を 0 とし，$m$ 元連立 1 次

方程式を解くことによって得られる解を指す。$\mathcal{B}$ に対応する変数を**基底変数** (basic variable)，そうでない変数を**非基底変数** (non-basic variable) と呼ぶ。

$$B = \begin{pmatrix} a_{B(1)1} & a_{B(2)1} & \cdots & a_{B(m)1} \\ \vdots & \vdots & \ddots & \vdots \\ a_{B(1)m} & a_{B(2)m} & \cdots & a_{B(m)m} \end{pmatrix}$$

とし，この行列を**基底行列** (basic matrix) という。つまり，行列 $B$ は行列 $A$ の第 $B(1)$ 列，$B(2)$ 列，…，$B(m)$ 列を順に左から並べたものである。ただし，$\text{rank}(B) = m$ とする。基底変数からなる列ベクトルを $x_B$ と表す。基底解とは

$$j \notin \mathcal{B} \text{ なら } x_j = 0 \tag{A.5}$$

$$j \in \mathcal{B} \text{ に対しては } Bx_B = b \text{の解 } x_{B(j)} (= B^{-1}b \text{ の第 } j \text{ 成分})$$

によって定まる。ここで $B^{-1}$ は $B$ の逆行列を表す。一般には基底解は実行可能とは限らない。もし，基底解のすべての成分が非負ならその解は**実行可能基底解**と呼ばれ，凸多面体

$$F = \{x \mid Ax = b, x \geq 0\}$$

の端点 (頂点) となる。第 2 章の例題の解 (2.10) は実行可能基底解である。

次に，ある実行可能基底解が得られたとき，もう一つの実行可能解に移動する方法について述べる。$A$ の列ベクトルのうち，非基底変数に対応する列ベクトルを並べて作られる行列を $N$ と書き，非基底変数からなるベクトルを $x_N$ と書くことにする。$N$ は $m \times (n-m)$ 行列である。

$$x = \begin{pmatrix} x_B \\ x_N \end{pmatrix}$$

とし，$A = (B, N)$ とすると，制約条件式 $Ax = b$ は

$$Bx_B + Nx_N = b \tag{A.6}$$

> $\text{rank}(B)$ とは行列のランク (階数) を表し，行列 $B$ の独立な縦ベクトルの最大数を表す。

> $x$ が凸多面体 $F$ の端点であるとは，$x = (x' + x'')/2$ となるような $F$ に属する $x$ 以外の点 $x', x''$ が存在しないことである。

と書ける．いま $\mathrm{rank}(\boldsymbol{B}) = m$ と仮定しているので，$\boldsymbol{B}^{-1}$ が存在し，(A.6) の左から $\boldsymbol{B}^{-1}$ を掛けると，

$$\boldsymbol{x}_B + \boldsymbol{B}^{-1}\boldsymbol{N}\boldsymbol{x}_N = \boldsymbol{B}^{-1}\boldsymbol{b}$$

となり，

$$\boldsymbol{x}_B = \boldsymbol{B}^{-1}\boldsymbol{b} - \boldsymbol{B}^{-1}\boldsymbol{N}\boldsymbol{x}_N \tag{A.7}$$

が得られる．これを目的関数に代入すると

$$\begin{aligned}\boldsymbol{c}^\top \boldsymbol{x} &= \boldsymbol{c}_B^\top \boldsymbol{x}_B + \boldsymbol{c}_N^\top \boldsymbol{x}_N \\ &= \boldsymbol{c}_B^\top \boldsymbol{B}^{-1}\boldsymbol{b} + (\boldsymbol{c}_N^\top - \boldsymbol{c}_B^\top \boldsymbol{B}^{-1}\boldsymbol{N})\boldsymbol{x}_N\end{aligned} \tag{A.8}$$

となる．ここで，$\boldsymbol{c}_B$ と $\boldsymbol{c}_N$ はそれぞれ $\boldsymbol{x}_B$ と $\boldsymbol{x}_N$ に対応するベクトル $\boldsymbol{c}$ の要素からなるベクトルである．

シンプレックス法では，$\boldsymbol{x}_N$ の係数ベクトル $\boldsymbol{c}_N^\top - \boldsymbol{c}_B^\top \boldsymbol{B}^{-1}\boldsymbol{N}$ の中に負の要素がなければ現在の基底解が最適解である．負の要素が少なくとも一つ存在すれば，そのような負の係数をもっている非基底変数 $x_k$ を一つ選び，その値を現在の値 0 から増加させれば目的関数値を減少できる．行列 $\boldsymbol{A}$ の列ベクトルのうち $x_k$ に対応するものを $\boldsymbol{A}_k$ とし，

$$\boldsymbol{x}_B = \boldsymbol{B}^{-1}\boldsymbol{b} - \boldsymbol{B}^{-1}\boldsymbol{A}_k x_k \tag{A.9}$$

と変化させればよい．このとき，$x_k$ を実行可能性を保証する範囲で可能な限り増大させる．

$$\bar{\boldsymbol{b}} = \boldsymbol{B}^{-1}\boldsymbol{b}, \quad \boldsymbol{y} = \boldsymbol{B}^{-1}\boldsymbol{A}_k \tag{A.10}$$

とおけば，$x_k$ を最大

$$\Delta = \min\{\bar{b}_i/y_i \mid y_i > 0, \ (i = 1, \ldots, m)\} \tag{A.11}$$

まで増加できる．$\Delta$ を超えて増加させると，他の変数の非負条件が保たれなくなる．$x_k$ を $\Delta$ まで増やしたとき，$\Delta = \bar{b}_i/y_i$ なる基底変数 $x_i$ の

値は 0 になっている．このとき，$x_k$ が新たに基底変数となり，代わりに $x_i$ が非基底変数となる．

この手続きを繰り返すことによって最適解を得る．なお，新たに基底変数になる $x_k$ の選び方であるが，通常 $\bm{x}_N$ の係数ベクトル $\bm{c}_N^\top - \bm{c}_B^\top \bm{B}^{-1} \bm{N}$ の負の要素の中でその絶対値が最大のものを取る．

なお，初期の実行可能基底解はいつでも容易に求められるわけではなく，それ自身線形計画問題を解くことによって求められる．詳細は専門書 [1–3, 99] を参照されたい．

線形計画問題は，その定式化能力と計算効率の高さからこの半世紀にわたって多くの分野で用いられている．シンプレックス法の反復回数は，経験的に問題の制約条件の数の 3 倍以内といわれている．しかし，人工的に作った意地悪な問題例に対しては，制約領域の端点をすべて調べる必要があり，極めて効率が悪くなる．そのため，最悪の場合の計算時間という立場からはシンプレックス法は**多項式時間アルゴリズム**ではない．線形計画法に対する最初の多項式時間アルゴリズムは Khachiyan によって 1979 年に提案されたが，実用的な手法ではなかった．その後，1984 年に Karmarkar によって新しい多項式時間解法が提案された．それは，実行可能領域の端点を探索するのではなく，領域の内部を経由して最適解に到達するというまったく新しい手法である．これに触発されて同種の多くの手法が開発され，現在ではそれらは**内点法** (interior point method) と総称されている．実際，大規模な問題に対してはシンプレックス法をしのぐ優れた方法である．

アルゴリズムが多項式時間であるというのは，その計算時間，つまり四則演算，代入，比較の回数が入力サイズ (問題を表現するのに必要なビット数) の多項式で抑えられるということである．

Appendix B
Terminology of Graph Theory

## 付録B　グラフ理論の用語

点集合 $V$ と $V \times V$ の部分集合 $E$ に対して $G = (V, E)$ を**グラフ**という。$V$ の要素は**節点** (node)，**頂点** (vertex)，ノードとも呼ばれる。$V$ の節点数を $|V|$ で表す。$E$ の要素は**枝**，**辺** (edge)，**線** (line)，**弧** (arc)，アークと呼ばれる。ここでは，節点，枝という呼び方で統一することにする。以下，特に断わらない限り，同じ節点を結ぶ枝（自己ループ）はないものと仮定する。また，二つの節点を結ぶ枝が 2 本以上ないと仮定する（多重辺がないという言い方をする）。枝が節点の順序対 $(v, w)$ で与えられる場合（$v$ と $w$ の順番に意味がある），そのグラフは**有向グラフ** (directed graph) といわれる。このとき，$v$ を枝 $(v, w)$ の始点，$w$ を終点という。枝が節点の非順序対で与えられる場合，そのグラフは無向グラフ (undirected graph) といわれる。

有向グラフ $G = (V, E)$ において，$(v, w)$ が $E$ の要素ならば，節点 $w$ は節点 $v$ に**隣接** (adjacent) しているという。枝 $(v, w)$ を $v$ から $w$ への枝ともいう。$v$ の隣接する節点の個数 (節点 $v$ から出ている枝の本数) を**出次数** (out-degree) という。(一方，節点 $v$ に向かう枝の本数を**入次数** (in-degree) という。)

無向グラフ $G = (V, E)$ において，$(v, w)$ が $E$ の要素ならば，$(w, v) = (v, w)$，すなわち $(v, w)$ と $(w, v)$ は同じ枝である。$w$ が $v$ に隣接するというのは，$(v, w)$ が（それゆえ $(w, v)$ も）$E$ に含まれることである。節点の**次数** (degree) は，それに隣接する点の個数である。$E$ の枝 $(v, w)$ に対して，節点 $v$ および $w$ は $(v, w)$ に**接続** (incident) しているという。

有向または無向グラフにおける**道** (路)(path) とは，$(v_1, v_2), (v_2, v_3), \cdots, (v_{n-1}, v_n)$ という形をした枝の列である。これを $v_1$ から $v_n$ までの道といい，その長さは $n - 1$ であるという。このような道は，単に $v_1, v_2, \ldots, v_n$ と書かれる。特殊な場合として，道が 1 個の節点のみからなる場合もある。道は，その枝および節点がすべて異なるとき，単純という。ただし，最初と最後の節点が一致してもよい。**閉路** (cycle) とは，同じ節点から始まって同じ終点で終わるような長さ 1 の単純な道のことである。無向グラフでは閉路の長さは少なくとも 3 である。

$G' = (V', E')$ が $G = (V, E)$ の**部分グラフ** (subgraph) とは，$V' \subseteq V$ かつ $E' \subseteq E$ を満たすときをいう．

グラフ $G = (V, E)$ において，$V$ の任意の 2 点 $v$ と $w$ に対して，$v$ から $w$ への道が存在するとき，$G$ は**連結** (connected) であるという．$V$ の 2 点 $v$ と $w$ に対して，$v$ から $w$ への，互いに枝を共有しない異なる道がちょうど $k$ 個存在するとき，$v - w$ の枝連結度は $k$ であるという．$V$ の 2 点 $v$ と $w$ に対して，$v$ から $w$ への，$v$ と $w$ 以外に互いに節点を共有しない異なる道がちょうど $k$ 個存在するとき，$v - w$ の点連結度は $k$ であるという．また，$V$ の任意の 2 点 $v$ と $w$ に対して，$v - w$ の枝連結度の最小値が $k$ であるとき，$G$ の枝連結度は $k$ であるという．さらに，$V$ の任意の 2 点 $v$ と $w$ に対して，$v - w$ の点連結度の最小値が $k$ であるとき，$G$ の点連結度は $k$ であるという．

有向グラフ $G = (V, E)$ が**強連結** (strongly connected) であるとは，$G$ の任意の 2 節点 $v$ と $w$ に対して，$v$ から $w$ への道，および $w$ から $v$ への道が存在するときをいう．

**マッチング** (matching) とは，無向グラフ $G = (V, E)$ の部分枝集合 $M$ で，$M$ のどの二つの枝の端点も異なるものをいう（図 B.1 参照）．マッチング $M$ に対して，$V$ のすべての点が $M$ の枝と接続しているとき，$M$ を**完全マッチング**という．完全マッチングの枝数は $|V|/2$ 本である．

ここで，いくつかの重要なグラフについて述べる．

グラフの節点集合 $V$ が $S$ と $T$ の二つに分割され（節点集合が人間を表すとすると，男女に二分されるように），$S$ の 2 点または $T$ の 2 点を結ぶ枝は存在しないとき，グラフを**二部グラフ** (bipartite graph) という．このとき，グラフ $G = (V, E)$ は通常 $G = (S, T, E)$ と表される．グラフのどの 2 点 $v$ と $w$ を選んでも枝 $(v, w)$ が存在するとき，**完全グラフ** (complete graph) という（図 B.2 参照）．

グラフ $G = (V, E)$ が与えられたとき，$V$ の各点を平面に配置して，$E$ のどの枝も交わらないようにできるとき，$G$ を**平面的グラフ** (planar

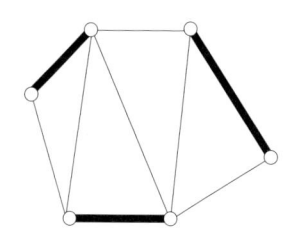

図 **B.1** マッチング

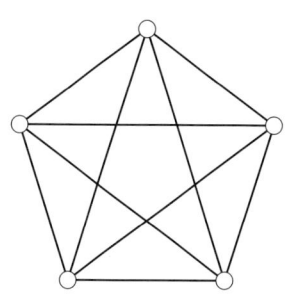

図 **B.2** 完全グラフ

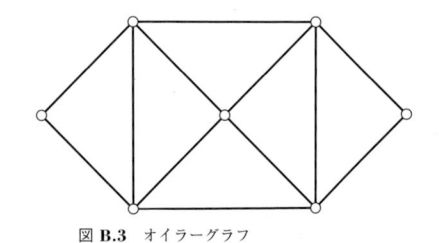

graph) という．平面的グラフを実際に枝の交差がないように平面に描いたグラフを**平面グラフ** (plane graph) という．**オイラーグラフ** (Euler graph) とは，紙に描かれたグラフの辺に沿ってペンを走らせ，ペンを紙から離さず，しかも同じ辺を2度通ることなくすべての辺を通って元に戻れるようなグラフのことである．オイラーグラフであるための必要十分条件は，すべての点の次数が偶数であることである（図 B.3 参照）．

無向グラフが連結で閉路をもたないとき，**全域木** (spanning tree) と呼ぶ（図 4.3 のグラフの太線からなる部分グラフが全域木である）．次のような性質が知られている．

1. $G$ の任意の 2 点に対して，この 2 点を結ぶ道がちょうど一つ存在する．
2. $G$ は $|V|-1$ 本の枝をもつ．
3. 隣接していない 2 点を結ぶ新しい枝 $e$ を $G$ に付加すると，一つの閉路が作られる．

無向グラフが閉路をもたないとき，森と呼ばれる．

次にグラフを扱うプログラムにおいて，グラフを表現するデータ構造について述べる．グラフ $G = (V, E)$ の表現方法はいくつかある．一つは隣接行列である．隣接行列 $A$ は，0, 1 の $|V| \times |V|$ の正方行列であり，$A$ の $i, j$ 要素 $A[i,j]$ が 1 であるのは，節点 $i$ から節点 $j$ への枝が存在するときであり，かつそのときに限る．隣接行列によるグラフの表現は，ある枝が存在するかどうかを頻繁に調べる必要があるときには便利である．隣接行列の欠点は，枝の数が少ないときでも $|V|^2$ の記憶領域を必要とすることである．

図 B.3 オイラーグラフ

# 参考文献

[1] 福島雅夫, 数理計画入門, 朝倉書店 (システム制御情報ライブラリー 15), 1996.

[2] 一森哲男, 数理計画法 –最適化の手法–, 共立出版, 1994.

[3] 今野浩, 線形計画法, 日科技連, 1987.

[4] G.L. ネムハウザー, A.H.G. リンヌイカン, M.J. トッド編, 伊理正夫, 今野 浩, 刀根 薫監訳, 最適化ハンドブック, 朝倉書店, 1995.

[5] 伊理正夫, 藤重悟, 大山達雄, グラフ・ネットワーク・マトロイド, 産業図書, 1986.

[6] 伊理正夫, 今野 浩, 数理計画法の応用 (理論編), 講座・数理計画法 10, 産業図書, 1982.

[7] 今野 浩, 山下 浩, 非線形計画法, 日科技連, 1978.

[8] 矢部 博, 八巻直一, 非線形計画法, 朝倉書店, 1999.

[9] 山川 宏, 最適化デザイン, 培風館, 1993.

[10] J.S. Arora, *Introduction to Optimum Design*, McGraw-Hill, 1989.

[11] R.T. Haftka, Z. Gürdal and M.P. Kamat, *Elements of Structural Optimization*, Kluwer Academic Publishers, 1990.

[12] T.H.Cormen, C.E. Leiserson, R.L. Rivest: Introduction to Algorithms, The MIT Press, 1990. (邦訳: 浅野哲夫, 岩野和生, 梅尾博司, 山下雅史, 和田幸一 訳:『アルゴリズムイントロダクション, 第 1 巻: 数学的基礎とデータ構造, 第 2 巻: アルゴリズムの設計と解析手法, 第 3 巻: 精選トピックス』, 近代科学社, 1995.)

[13] M.R. Garey and D.S. Johnson, *Computers and Intractability: A guide to the Theory of NP-completeness*, Freeman, 1979.

[14] 久保幹雄, 松井知己, 組合せ最適化 [短編集], シリーズ「現代人の数理」14　今野浩・松原 望 編集, 朝倉書店, 1999.

[15] R.J. ウィルソン著, 斎藤伸自, 西関隆夫 共訳, グラフ理論入門, 近代科学社, 1985.

[16] 久保幹雄, 山本芳嗣, 巡回セールスマン問題への招待, 朝倉書店, 1997.

[17] E.L. Lawler, J.K. Lenstra, A.H.G. Rinnooy Kan and D.B. Shmoys, *The Traveling Salesman Problem: A Guided Tour of Combinatorial Optimization*, John Wiley & Sons, 1985.

[18] M. Pinedo, *Scheduling: Theory, Algorithms and Systems*, Prentice Hall, 1995.

[19] J. Weglarz (ed.), *Project Scheduling: Recent Models, Algorithms and Applications*, Kluwer Academic Publishers, 1999.

[20] 松井知己, http://www.misojiro.t.u-tokyo.ac.jp/~tomomi/opt-code.html

[21] 岡部篤行, 鈴木敦夫, 最適配置の数理, シリーズ「現代人の数理」3, 今野浩, 松原望編集, 朝倉書店, 1992.

[22] F.P. Preparata and M.I. Shamos, *Computational Geometry: An Introduction*, Springer-Verlag, 2nd edition, 1988, (邦訳: 浅野孝夫, 浅野哲夫 訳: 計算幾何学, 総研出版, 1994)

[23] M. de Berg, M. van Kreveld, M. Overmars, O. Shwarzkopf, *Computational Geometry: Algorithms and Applications*, Springer-Verlag, 1997. (邦訳: 浅野哲夫 訳, コンピュータ・ジオメトリ, 計算幾何学: アルゴリズムと応用, 近代科学社, 2000)

[24] 今井 浩, 今井桂子, 計算幾何学, 共立出版, 1994.

[25] 伊理正夫監修, 腰塚武志編集, 計算幾何学と地理情報処理 第 2 版, 共立出版, 1995.

[26] A. Okabe, B. Boots and K. Sugihara, *Spatial tessellations: Concepts and Applications of Voronoi Diagram*, John Wiley & Sons, 1992.

[27] J.W. Dickey and J.W. Hopkins, Campus building arrangement using TOPAZ, *Tranportaion Science*, Vol. 6, 59-68, 1972.

[28] A.N. Elshafei, Hospital layout as a quadratic assignment problem, *Operations Research Quarterly*, Vol. 28, pp. 167-179, 1977.

[29] E. Çela, *The Quadratic Assignment Probelm: Theory and Algorithms*, Kluwer Academic Publishers, 1998.

[30] E.J. Haug, K.K. Choi and V. Komkov, *Design Sensitivity Analysis of Structural Systems*, Academic Press, 1986.

[31] 中村恒善 編, 建築構造力学 図説・演習 I, II, 丸善, 1994.

[32] 久保司郎, 逆問題, 培風館, 1992.

[33] 柴田明徳, 最新耐震構造解析, 森北出版, 1981.

[34] 構造システムの最適化, 土木学会, 1988.

[35] J. Herskovits, *Advances in Structural Optimization*, Kluwer Academic Publishers, 1995.

[36] *DOT User's Manual*, Ver. 5.0, VR&D, 1999.

[37] G.I.N. Rozvany, *Structural Design via Optimality Criteria*, Kluwer Academic Publishers, 1989.

[38] W. Prager, Conditions for structural optimality, *Comput. & Struct*, Vol. 1, pp. 833-840, 1972.

[39] A.G.M. Michell, The limits of economy in frame structures, *Philosophical Magazine Sect. 6*, Vol. 8(47), pp. 589-597, 1904.

[40] W.S. Hemp, *Optimum Structures*, Oxford University Press, 1973.

[41] U. Kirsch, Optimal topologies of truss structures, *Appl. Mech. Rev.*, Vol. 42, pp. 223-239, 1986.

[42] G.I.N. Rozvany (ed.), *Topology optimization in Structural Mechanics*, Springer, 1997.

[43] W. Dobbs and L.P. Felton, Optimization of truss geometry, *Proc. ASCE*, Vol. 95(ST10), pp. 2105-2119, 1969.

[44] G. Sved and Z. Ginos, Structural optimization under multiple loading, *Int. J. Mech. Sci.*, Vol. 10, pp. 803-805, 1968.

[45] U.T. Ringertz, A branch and bound algorithm for topology optimization of truss structures, *Eng. Opt.*, Vol. 10, pp. 111-124, 1986.

[46] M. Ohsaki, Genetic algorithm for topology optimization of trusses, *Comput. & Struct*, Vol. 57, pp. 219-225, 1995.

[47] G. Cheng and X. Guo, $\varepsilon$-relaxed approach in structural topology optimization, *Structural Optimization*, Vol. 13, pp. 258-266, 1997.

[48] M. Ohsaki, K. Fujisawa, N. Katoh and Y. Kanno, Semi-definite programming for topology optimization of trusses under multiple eigenvalue constraints, *Comp. Meth. Appl. Mech. Engng.*, Vol. 80, pp. 203-217, 1999.

[49] G. Farin 著, 木村文彦 監修, 山口 泰 監訳, CAGD のための曲線・曲面理論, 共立出版, 1991.

[50] D.F. Rogers and J.A. Adams 著, 川合 慧 監訳, コンピュータグラフィックス, 日刊工業新聞社, 1993.

[51] 安達忠次, 微分幾何学概説, 培風館, 1976.

[52] 戸田 盛和, ベクトル解析, 理工系の数学入門コース 3, 岩波書店, 1996.

[53] R.E. Barnhill (ed.), *Geometry Processing for Design and Manufacturing*, SIAM, 1992.

[54] M. Ohsaki, T. Nakamura and Y. Isshiki, Shape-size optimization of plane trusses with designer's preference, *J. Struct. Engng.*, ASCE, 124(11), pp. 1323-1330, 1998.

[55] M. Ohsaki, T. Nakamura and M. Kohiyama, Shape optimization of a double-layer space truss described by a parametric surface, *Int. J. Space Structures*, Vol. 12(2), pp. 109-119, 1997.

[56] B. Pham, offset curves and surfaces: a brief review, *Computer-Aided Design*, vol. 24(4), pp223–229, 1992.

[57] N.S. Sapidis (ed.), *Shape Quality in Geometric Modelling and Computer-Aided Design*, SIAM, 1994.

[58] M. Ohsaki and M. Hayashi, Fairness metrics for shape optimization of ribbed shells, *J. Int. Assoc. Shells and Spatial Struct.*, Vol. 41(1), pp.31–39, 2000.

[59] J.S. Arora and C.H. Tseng, *IDESIGN User's Manual*, Ver. 3.5, Optimal Design Laboratory, The University of Iowa, 1987.

[60] J. Holland, Adaptation in Natural and Artificial Systems, The University of Michigan, 1975., and MIT Press, 1992.

[61] 北野 宏, 遺伝的アルゴリズム, 産業図書, 1993.

[62] F. Glover, Tabu search - Part I, *ORSA Journal on Computing*, Vol.1, No.3, pp. 190-206. 1989.

[63] F. Glover, Tabu search - Part II, *ORSA Journal on Computing*, Vol.2, No.1, pp. 4-32, 1990.

[64] M.P. Bendsøe, A. Ben-Tal and J. Zowe, Optimization method for truss geometry and topology design, *Structural Optimization*, Vol.7, pp. 141-159, 1994.

[65] B.H.V. Topping, Mathematical programming techniques for shape optimization of skeletal structures, in: *Shape and Layout Optimization of Structural Systems and Optimality Criteria Methods*, G.I.N. Rozvany (Ed.), Springer, pp.349–375, 1992.

[66] Zadeh, L. A. : Fuzzy Sets, Information and Contorol, 8, pp.338-353, 1965.

[67] 水本雅晴, ファジィ理論とその応用, サイエンス社, 1988.

[68] 坂和正敏, ファジィ理論の基礎と応用, 森北出版, 1990.

[69] 菅野道夫, 向殿政男監訳, ザデー・ファジィ理論, 日刊工業新聞社, 1992.

[70] 古田均, 小尻利治, 宮本文穂, 秋山孝正, 大野研, 背野康英, ファジィ理論の土木工学への応用, 森北出版, 1992.

[71] 古田均, 河村廣, 建築・土木技術者のためのファジィ理論入門, 講談社, 1993.

[72] (社) 日本建築学会編, 知的システムによる建築・都市の創造, 技報堂出版, 1998.

[73] 菅野道夫, ファジィ制御, 日刊工業新聞社, 1988.

[74] 河村廣, 谷明勲, 松本眞一, 山田稔, AHP およびファジィ統合則による主観的構造損傷評価の客観的定式化 – RC 建物、柱、耐震壁を対象として –, 日本建築学会構造系論文報告集, 第 389 号, pp.42-51, 1988.

[75] 河村廣, 谷明勲, 川村雅彦, 松本眞一, 山田稔, ファジィ目標・制約統合則の一般的定式化と非数値的最大化, 第 3 回ファジィシステムシンポジウム論文集, pp.71-76, 1987.

[76] M. Yamada, H. Kamamura and A. Tani, A Support System for Fuzzy Optimum Aseismic Structural Design of Reinforced Concrete Buildings Using Graphical Representation, *Micorocomputers in Civil Engineering*, Vol.7(1), pp.29-42, 1992.

[77] R. E. Bellman and L. A. Zadeh, Decision-Making in a Fuzzy Environment, *Management Science*, Vol.17(4), B-141-B-164, 1970.

[78] 河村廣, Yao, J. T. P., 条件付きファジィ集合に基づくファジィシステムの構造工学への応用に関する研究, 構造工学論文集, Vol.36B, pp.299-307, 1990.

[79] H. Kawamura, Fuzzy Network for Decision Support Systems, *Fuzzy Sets and Systems*, Vol.58(1), pp.59-72, 1993.

[80] 桑本保彦, 河村廣, 谷明勲, ニューロファジィネットワークによる構造計画 (ファジィ合成則による RC 連層耐震壁架構の解法), 日本建築学会, 第 18 回情報システム利用技術シンポジウム論文集, pp.331-336, 1993.

[81] 小島一誠, 河村廣, 谷明勲, オブジェクト指向による構造計画支援システム (ファジィ理論, ニューラルネットワーク, カオス理論の応用), 日本建築学会, 第 18 回情報システム利用技術シンポジウム論文集, pp.331-336, 1995.

[82] 十河恒明, 谷明勲, 河村廣, 瀧澤重志, フレーム表現によるインテリジェントファジィネットワークの構築, 日本建築学会, 第 21 回情報システム利用技術シンポジウム論文集, pp.283-288, 1998.

[83] 神原浩, 河村廣, 谷明勲, インテリジェントファジィネットワークによる構造計画 (オブジェクト指向的推論による全体構造設計システム), 第 15 回情報システム利用技術シンポジウム論文集, pp.299-304, 1992.

[84] 河村廣, ファジィシステムを応用した社会的合意に基づく耐震構造設計, 構造工学論文集, Vol.42B, pp.261-268, 1996.

[85] 河村廣, ファジィネットワークによる構造物の耐震安全性, 日本ファジィ学会誌, Vol.5, No.5, pp.1023-1033, 1993.

[86] 大町靖高, 河村廣, 谷明勲, ファジィネットワークを用いた建築構造フォルムプランニング支援システム, 日本建築学会, 第 17 回情報システム利用技術シンポジウム論文集, pp.385-390, 1994.

[87] 岩田淳秀, 河村廣, 谷明勲, 瀧沢重志, 環境負荷を考慮した最適構造材料選定システム, 第 7 回ファジィ建築土木応用シンポジウム講演論文集, pp.55-64, 2000.

[88] W. McCulloch and W. Pitts, A Logical Calculus of the Ideas Immanent in Nervous Activity, Bulltein of Mathematica; *Biophysics*, 9, pp.127-147, 1943.

[89] F. Rosenblatt, Principles of Neurodynamics, *Spartan*, Washington D. C., 1961.

[90] S. Minsky and S. Papert, Perceptrons, MIT Press, 1960.

[91] D. E. Rumelhart, G. E. Hinton and R. J. Willams, Learning Representations by Back-Propagating Errors, *Nature*, vol. 323(9), pp.533-536, 1986.

[92] T. Kohonen, Correlation Matrix Memories, *IEEE Transaction on Computer*, C-21, pp.353-359, 1972.

[93] J. Hoppfield, Neural Network and Physical Systems with Emergent Collective Computational Abilities, *Proceedings of the National Academy of Science*, vol. 79, pp.2554-2558, 1982.

[94] 八名和夫, 鈴木義武, ニューロ情報処理技術　基礎と応用, 海文堂, 1992.

[95] 市川紘, 階層型ニューラルネットワーク　非線形問題解析への応用, 共立出版, 1993.

[96] 合原一幸, ニューラルコンピュータ　脳と神経に学ぶ, 東京電気大学出版局, 1989.

[97] (社) 日本建築学会編, 知的システムによる建築・都市の創造, 技報堂出版, 1998.

[98] 矢川元基編, ニューラルネットワーク　計算力学・応用力学への応用, 計算力学とCAE シリーズ 12, 培風館, 1992.

[99] 森 雅夫・森戸 晋・山本芳嗣・鈴木久敏, オペレーションズリサーチ I, 朝倉書店, 1991.

[100] L. デービス 著, 嘉数侑昇 他 訳, 遺伝アルゴリズムハンドブック, 森北出版, 1992.

[101] Z. Drezner ed., *Location Problem: A Survey of Applications and Methods*, Springer-Verlag, 1995.

[102] 古田均, 杉本博之, 遺伝的アルゴリズムの構造工学への応用, 森北出版, 1997.

[103] D.E. Goldberg, *Genetic Algorithms in Search, Optimization, and Machine Learning*, Addison-Wesley, 1989.

[104] 今野 浩, 整数計画法, 講座・数理計画法 6, 産業図書, 1981.

[105] 高阪宏行, 岡部篤行編, GIS ソースブック, 古今書院, 1996.

[106] P.B. Mirchandani and R.L. Francis (eds.), *Discrete Location Theory*, John Wiley & Sons, 1989.

[107] 大山 達雄, 最適化モデル分析, 日科技連, 1993.

[108]　尾崎俊治・海生直人・一森哲男, OR による経営システム科学, 朝倉書店, 1989.

[109]　杉浦芳夫, 立地と空間的行動, 古今書院, 1989.

[110]　J. スター, J. エステス著, 岡部篤行, 貞広幸雄, 今井修共訳: 入門　地理情報システム, 共立出版, 1992.

# 索引

アフィン不変性, 119
アルゴリズム, 48

1 機械スケジューリング問題, 53
遺伝子, 137
遺伝子型, 137
遺伝子座, 137
遺伝子列, 136
遺伝的アルゴリズム, 85, 104, 136
インテリジェントファジィネットワーク, 169

ウェーバー問題, 62

枝, 196
$n$ 項ファジィ関係, 167
NP 困難, 49

オイラーグラフ, 51, 198
オイラー座屈, 105
応力制約条件, 90, 148
重み係数, 88, 178

階層型ニューラルネットワーク, 176
階層構造, 163
改訂許容方向法, 91
回転性, 124
外点法, 37
外力仕事, 95
下限値, 87
カット, 17
活動的な制約条件, 36
カット容量, 17
可変計量法, 33

Karush-Kuhn-Tucker 条件, 37
完全グラフ, 197

帰属度関数, 158
帰属度値, 158
基底解, 190, 191
基底行列, 192
基底変数, 192
逆問題, 71
教師データを用いた学習, 180
共役勾配法, 33
強連結, 197
局所最適解, 27
局所探索法, 134
曲率, 125
曲率中心, 124
曲率半径, 124
許容応力度設計法, 90
許容解, 4, 85
許容設計解, 92
許容方向法, 40
許容領域, 36, 88, 103

組合せ最適化問題, 4, 100
組合せ爆発, 52
グラフ, 15
グランドストラクチャ法, 100, 147
クリスプ集合, 157

計算複雑性, 47
形状感度解析, 71, 81, 128
形状感度係数, 71
形状最適化, 84, 86

形状設計, 70
決定変数, 4, 42
限定操作, 45

弧, 196
交叉, 136
交叉確率, 137
剛性行列, 72, 95
剛性設計, 70
剛性方程式, 73, 95
構造最適化, 40
構造最適化問題, 84
構造質量, 107
勾配投影法, 40
勾配ベクトル, 29
誤差逆伝播法, 177, 181
コスト関数, 149
コスト係数, 88
個体, 136
個体群, 136
弧長パラメータ, 124
コーディング, 137
固有円振動数, 79, 107
固有周期, 107
固有振動数, 79, 107
固有値, 79, 107
固有値問題, 79, 107
固有ベクトル, 107
固有モード, 79, 107
混合整数計画問題, 43, 100, 147
コンプライアンス, 95

最悪時間計算量, 48

最急降下法, 29
最小カット, 17
最小木問題, 50
最小重量設計, 88
最小費用流問題, 15
最大フロー・最小カット定理, 17
最大流, 16
最大流問題, 15
最短距離, 60
最短路問題, 15, 42
最適解, 4
最適化問題, 84
最適施設配置問題, 58
最適性規準法, 40, 93, 102
最適性条件, 26
最適性条件法, 93
最適性必要十分条件, 95
最適性必要条件, 35, 37, 88, 97
最適設計, 71, 84
最適目的関数値, 27
3次スプライン, 115

時間複雑度, 48
しきい値, 178
シグモイド関数, 179
次数, 196
指数オーダー, 49
システム, 2
システム最適化, 2
システム設計, 3
実行可能解, 4
実行可能基底解, 190, 192
実行可能集合, 4

実行可能領域, 4, 10, 190
実行時間, 48
質量行列, 79
シミュレーティッド・アニーリング, 143
自由振動, 79, 107
十分条件, 27
従法線ベクトル, 124
出次数, 196
出力, 169
出力層, 178
需要量, 60
順解析, 85
巡回セールスマン問題, 52, 55, 141, 143
巡回路, 52
順序表現, 141
準ニュートン法, 33
上限値, 87
状態, 169
状態変数, 87
剰余変数, 191
人口, 136
シンプレックス法, 10, 11

随伴曲線, 122
随伴変数, 75
随伴変数法, 75, 93
数学モデル, 2
数理計画法, 3
数理計画問題, 3
スラック変数, 11, 191

制御多角形, 118

制御ネット, 118
整数計画法, 85
整数計画問題, 5, 42
静定, 91
静的荷重, 70
設計感度解析, 70
設計感度解析法, 89
設計感度係数, 70, 108
設計変数, 70, 87
設計変数空間, 88
接線ベクトル, 116, 120
接続, 196
節点, 196
節点位置最適化, 86
節点コスト, 147
0-1 整数計画問題, 5, 42, 68
線, 196
全域木, 50, 198
全応力設計解, 92
線形緩和問題, 43
線形計画法, 10
線形計画問題, 4, 9, 39
線形性, 8
染色体, 136
全ポテンシャルエネルギー最小の原理, 97

相互結合型ニューラルネットワーク, 176
相補性条件, 37
側面制約条件, 87, 102

大域最適解, 27
大域最適設計解, 97
ダイクストラ法, 20

多項式オーダー, 49
タブー検索法, 145
タブーリスト, 145
多目的最適問題, 156
単位仮想荷重, 76, 93
単位主法線ベクトル, 124
単位ベクトル, 81
単位法線ベクトル, 122
弾性係数, 72
端点, 10
端点一致の性質, 119
断面 2 次半径, 105

逐次線形計画法, 39
逐次 2 次計画法, 38
致死遺伝子, 140
中間層, 178
中国郵便配達人問題, 51
頂点, 10, 196
直接微分法, 74

定義多角形, 118
定義頂点, 118
停留条件, 27, 34
停留点, 27
適応変異, 139
デコーディング, 137
テンソル積, 121
テンソル積ベジエ曲面, 121

凸計画問題, 4
突然変異, 136
突然変異確率, 139
凸包, 119

凸包の性質, 119
トポロジー最適化, 86, 100, 147
貪欲算法, 50, 52

内点法, 37, 47, 194
ナップザック問題, 43
滑らかさ, 124

2 項ファジィ関係, 167
2 次計画問題, 4, 6, 36, 40
2 次割当問題, 67
二部グラフ, 197
2 分法, 31
入次数, 196
入力, 169
入力層, 178
ニュートン法, 28, 31

ネットワーク, 15
ネットワーク最適化問題, 50

ノード, 196

パス表現, 141
パラメトリック曲線, 114
パラメトリック曲面, 114
半解析的手法, 82
バーンスタイン基底関数, 118
半正定値, 109
半正定値行列, 40
半正定値計画法, 109

非活動的な制約条件, 36
非基底変数, 192

非構造質量, 107
B-スプライン曲線, 120
ひずみエネルギー, 95, 96
非線形, 6
非線形計画法, 26, 89, 102
非線形計画問題, 4, 26, 102
$p$-センター, 61
$p$-センター問題, 60, 63
必要十分条件, 97
必要条件, 27
非負制約, 190
$p$-メディアン, 61
$p$-メディアン問題, 60, 62
評価関数, 4
表現型, 137
標準形, 190
ビンパッキング問題, 52

ファジィ関係, 167
ファジィ最大化決定, 165
ファジィ集合, 157
ファジィ制約, 165
ファジィ統合則, 162
ファジィ目標, 165
ファジィ理論, 156
部材コスト, 147
部材座屈, 105
不静定, 91
部分グラフ, 197
フルネ-セレーの公式, 125
分枝限定法, 44, 104
分枝操作, 44

平面グラフ, 198

平面性, 124
平面的グラフ, 197
閉路, 50, 51, 196
ヘシアン, 32
ベジエ曲線, 114, 118, 128
ヘッセ行列, 32, 40
ペナルティ, 150
ペナルティ関数, 37
ペナルティ係数, 37
ペナルティ法, 37
変位制約条件, 93, 148
変位ベクトル, 70
変曲点, 27

方向微分係数, 108
方向余弦, 81
細長比, 105
母点, 65
ホドグラフ, 122
ボロノイ図, 65
ボロノイ頂点, 65
ボロノイ辺, 65
ボロノイ領域, 65

max-sum 基準, 58
max-min 基準, 59
マッチング, 197
丸さ, 124
満足解, 85
マンハッタン距離, 62

道, 196
min-sum 基準, 58

min-max 基準, 58

無向グラフ, 196

無向ネットワーク, 60

メタヒューリスティックス, 134

目的関数, 4, 26, 87

モダンヒューリスティックス, 134

問題例, 47

有向グラフ, 196

有向ネットワーク, 19

ユークリッド距離, 62

輸送問題, 23

ラインサーチ, 30, 32

ラグランジアン, 34, 36, 87, 96

ラグランジュ関数, 34

ラグランジュ乗数, 34, 36, 88

ラグランジュ乗数法, 34

ランキング戦略, 150

離散的最適化問題, 4

隣接, 196

捩率, 125

レイリーの原理, 109

連結, 197

連続的最適化問題, 4

割当問題, 22, 42

| 加藤 直樹 かとう なおき | 大崎 純 おおさき まこと | 谷 明勲 たに あきのり |
|---|---|---|
| 1951年 福井生まれ | 1960年 大阪生まれ | 1955年 高松生まれ |
| 1973年 京都大学工学部数理工学科卒業 | 1983年 京都大学工学部建築学科卒業 | 1978年 神戸大学工学部建築学科卒業 |
| 1977年 京都大学大学院工学研究科博士後期課程中途退学 同年大阪成人病センター情報企画室勤務 | 1985年 京都大学大学院工学研究科建築学専攻修士課程修了 | 1980年 神戸大学大学院工学研究科修了 |
| 1981年 神戸商科大学商経学部講師，助教授，教授を経て | 1996年 京都大学大学院工学工学研究科助教授，博士（工学） | 1996年 神戸大学工学部建設学科助教授，博士（工学） |
| 1997年 京都大学大学院工学研究科教授，工学博士 | (1991年～1992年 アメリカ合衆国アイオワ大学客員研究員) | 主 著 「知的システムによる建築・都市の創造」（共著） |
| 主 著 「Resource Allocation Problems: Algorithmic Approaches」（共著） | | |

造形ライブラリー03

# 建築システム論

2002年2月25日　初版第1刷発行

| | |
|---|---|
| 著 者 | 加藤 直樹／大崎 純／谷 明勲 |
| 発 行 | 共立出版株式会社／南條光章 |
| | 東京都文京区小日向4-6-19 |
| | 電話　03-3947-2511（代表） |
| | 〒112-8700／振替口座 00110-2-57035 |
| | http://www.kyoritsu-pub.co.jp/ |
| 印 刷 | (株)加藤文明社 |
| 製 本 | 関山製本 |

© 加藤直樹，大崎 純，谷 明勲 2002

検印廃止
NDC 524, 525
ISBN 4-320-07677-X

Printed in Japan

JCLS ＜(株)日本著作出版権管理システム委託出版物＞
本書の無断複写は著作権法上での例外を除き禁じられています。複写される場合は，そのつど事前に(株)日本著作出版権管理システム（電話03-3817-5670，FAX 03-3815-8199）の許諾を得てください。

社団法人
自然科学書協会
会員